前　言

随着《新一代人工智能发展规划》《普通高中信息技术课程标准（2017年版）》《教育信息化2.0行动计划》等人工智能相关文件的颁布，人工智能逐渐走进中小学教育领域。近几年来，关于中小学人工智能的相关图书相继出版，为我国中小学人工智能教育事业添砖加瓦；另外，关于中小学生科普机器人相关的图书也如雨后春笋般涌现。

严格来说，机器人并不属于人工智能的范畴，然而它却与人工智能有着千丝万缕的联系，并且是人工智能技术重要的物理载体。尤其是在中小学人工智能教学过程中，机器人无论是在激发学生学习人工智能的兴趣，还是在培养学生动手操作能力甚至团队协作能力方面都发挥着重要的作用。

"人工智能+X"是我国的复合专业培养新模式，人工智能正在与不少学科专业进行交叉融合。《中华人民共和国国民经济和社会发展第十四个五年规划和2035年远景目标纲要》提出了"加快数字化发展、建设数字中国"的任务。党的十九届五中全会也提出了要发展数字经济、推进数字产业化和产业数字化、推动数字经济和实体经济深度融合，打造具有国际竞争力的数字产业集群。在这样的背景下，人工智能与机器人的跨学科融合必将变得越发紧密。因此，从小培养机器人学习的兴趣，不仅增加了知识，也为进一步学习人工智能打下了良好基础。

无论是我国战国时期《列子·汤问》中记载的栩栩如生的机器歌舞艺人，还是古埃及的汽转球，抑或是现在"能歌善舞"的波士顿动力机器人，都充分说明了从古至今，人们对机器人无限的遐想从未停止。想象力是一切创新的源泉。在模块化机器人的搭建过程中，通过对一个个零件进行拼接，组成不同形状的机器人并完成一定的任务。

本书分为7章，其结构安排如下。

第1章 机器人概论。主要介绍从古代到近代的机器人发展过程、现代机器人在不同领域的应用及未来可能的应用场景、教师和学生比较熟悉的用于教育和竞技的机器人。

第2章 模块化机器人。主要介绍模块化机器人硬件、软件及基础的拼接方法。还向教师和学生提供了可参考的模型，旨在让教师和学生快速熟悉课堂教具，节约课堂搭建机器人的时间，使教师对知识的输出及学生对知识的吸收做到最大化。

第3章 编程和顺序结构。主要介绍编程语言，使学生了解"计算机是怎样读懂人类想法的"；利用流程图介绍程序的三种基本结构（顺序结构、选择结构、循环结构）；使用模块化机器人及编程中的顺序结构实现想让机器人做出的动作。

第4章 选择结构和传感器。主要介绍几种常见传感器的使用方法，使学生明白其基本的工作原理，并使用机器人和图形化编程完成课堂实例。还介绍了编程时常用到的关系运算符和逻辑运算符，通过实例让学生熟练掌握测距传感器的使用和编程知识。

第5章 变量。主要介绍变量的概念、类型及其使用方法。通过4个变量编程实例介绍变量在程序中的几种常见用法。例如，实例1计数变量，将变量用作计数功能，使机器人的旋转度数与触碰机器人的次数相吻合；实例2状态变量，将变量用作记录机器人的状态，配合红外传感器的使用实现机器人每次接收信号都能改变自己的姿态。

AI 小科学家系列丛书

机器人图形化编程 从0到1

张晴雪 刘玮 袁中果 徐乾 龚超 / 著

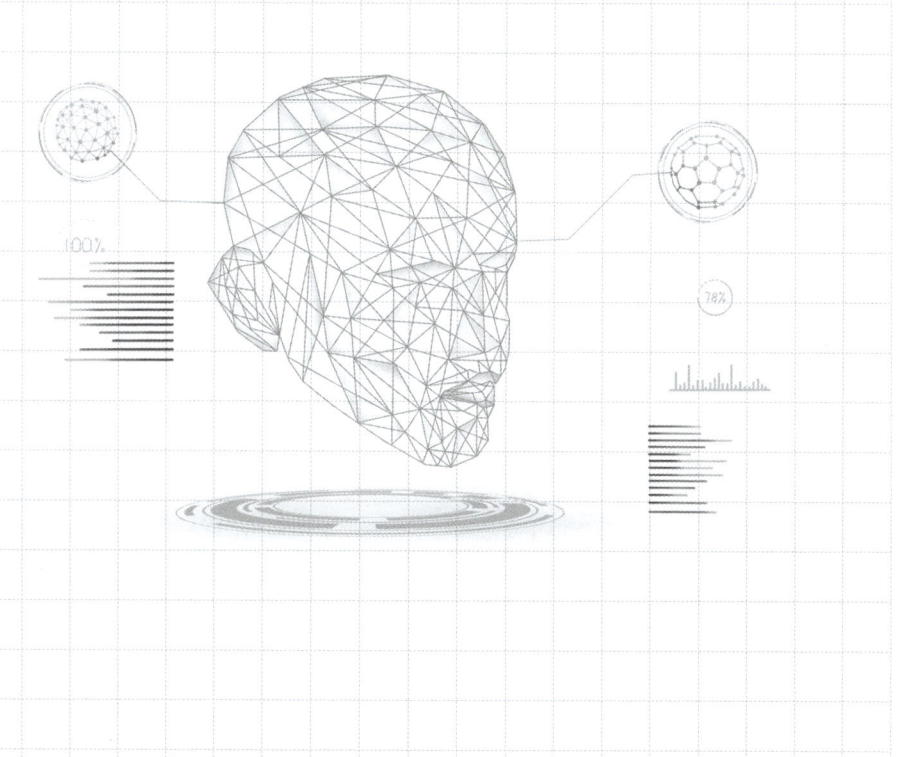

电子工业出版社
Publishing House of Electronics Industry
北京·BEIJING

内容简介

本书由浅入深地介绍了图形化编程的基础知识及智能硬件的应用原理。本书分为 7 章，内容包括机器人概论、模块化机器人、编程和顺序结构、选择结构和传感器、变量、循环结构、机器人编程实例。

本书既可以作为中小学信息技术教师的教学参考用书，又可以作为从事机器人开发相关行业人员的指导用书。

未经许可，不得以任何方式复制或抄袭本书之部分或全部内容。
版权所有，侵权必究。

图书在版编目（CIP）数据

机器人图形化编程：从 0 到 1 / 张晴雪等著 . —北京：电子工业出版社，2022.6
（AI 小科学家系列丛书）
ISBN 978-7-121-41712-2

Ⅰ . ①机… Ⅱ . ①张… Ⅲ . ①机器人 – 程序设计 – 中小学 – 教材 Ⅳ . ① G634.931

中国版本图书馆 CIP 数据核字（2021）第 153752 号

责任编辑：李 冰　　特约编辑：田学清
印　　刷：北京市大天乐投资管理有限公司
装　　订：北京市大天乐投资管理有限公司
出版发行：电子工业出版社
　　　　　北京市海淀区万寿路 173 信箱　　邮编：100036
开　　本：720×1000　1/16　印张：8　字数：131 千字
版　　次：2022 年 6 月第 1 版
印　　次：2022 年 6 月第 1 次印刷
定　　价：69.00 元

凡所购买电子工业出版社图书有缺损问题，请向购买书店调换。若书店售缺，请与本社发行部联系，联系及邮购电话：（010）88254888，88258888。
质量投诉请发邮件至 zlts@phei.com.cn，盗版侵权举报请发邮件至 dbqq@phei.com.cn。
本书咨询联系方式：libing@phei.com.cn。

丛书编委会

顾　　问：

刘　伟（中国人民大学）　　　　　　戴琼海（清华大学）

朱信凯（中国人民大学）　　　　　　王国胤（重庆邮电大学）

肖　俊（中国科学院大学）　　　　　李有毅（北京市第十二中学）

主　　编：

刘小惠（中国人民大学附属中学）

执行主编：

袁中果（中国人民大学附属中学）　　龚　超（清华大学）

编　　委（按姓氏拼音排序）：

曾　琦（国家信息中心）　　　　　　常　青（中国人民大学附属中学）

高　跃（清华大学）　　　　　　　　高永梅（北京市十一学校）

谷多玉（中国人民大学附属中学）　　韩思瑶（北京市十一学校）

黄秉刚（深圳市龙华区未来教育研究院）　李志新（北京市第十二中学）

梁　霄（中国人民大学附属中学）　　刘峡壁（北京理工大学）

卢靖华（中国人民大学附属中学）　　罗定生（北京大学）

任思国（北京未来基因教育科技有限公司）　任　赟（北京市第十二中学）

孙　越（上海外国语大学附属龙岗学校）　王　冀（西北工业大学）

温婷婷（中国人民大学附属中学）　　武　迪（中国人民大学附属中学）

奚　骏（上海市复兴高级中学）　　　严立超（香港中文大学深圳研究院）

燕　斐（UWEE 欧美亚教育联盟）　　杨　华（北京未来基因教育科技有限公司）

袁继平（中国人民大学附属中学）　　张　思（中国人民大学附属中学）

郑子杰（北京市十一学校）

第 6 章 循环结构。主要介绍 while 循环语句、do...while 循环语句，以及跳出循环语句（break 语句、continue 语句）的使用方法。

第 7 章 机器人编程实例。主要介绍"有效开关"和"别离我太近"两个实例，综合应用前面章节的知识完成这两个实例，巩固前面所学的知识内容。

由于作者水平所限，书中难免存在一些疏漏和不足，希望同行和读者给予批评与指正。

目 录

第1章 机器人概论　001

    1.1 机器人的产生和发展 / 001

        1.1.1 机器人的产生 / 001

        1.1.2 机器人的发展 / 002

    1.2 机器人的现状与前景 / 004

        1.2.1 机器人的现状 / 004

        1.2.2 机器人的前景 / 005

    1.3 教育机器人 / 006

        1.3.1 拼插类机器人 / 006

        1.3.2 模块化机器人 / 008

        1.3.3 人形机器人 / 009

第2章 模块化机器人 / 011

    2.1 模块化机器人介绍 / 011

        2.1.1 模块化机器人的特点 / 011

        2.1.2 各模块介绍 / 012

        2.1.3 模块化机器人拼装 / 014

2.2 机器人操控 / 016

  2.2.1 操控软件Clicbot介绍 / 016
  2.2.2 了解官方构型 / 017
  2.2.3 实践官方构型 / 019

2.3 自主设计机器人构型 / 020

  2.3.1 设计机器人构型 / 020
  2.3.2 设计机器人动作 / 021
  2.3.3 操控机器人 / 027
  2.3.4 自主设计机器人 / 029

第3章 编程和顺序结构 / 030

3.1 编程介绍 / 030

  3.1.1 编程语言 / 030
  3.1.2 常用的编程语言 / 031
  3.1.3 图形化编程 / 035

3.2 程序中的3种基本结构 / 037

  3.2.1 顺序结构 / 037
  3.2.2 选择结构 / 037
  3.2.3 循环结构 / 039

3.3 顺序结构实例 / 040

  3.3.1 旋转的机械臂 / 040
  3.3.2 四驱车 / 042

第4章 选择结构和传感器 / 045

4.1 传感器的概念 / 045

  4.1.1 什么是传感器 / 045
  4.1.2 常见传感器 / 046

4.2 传感器编程模块介绍 / 048

    4.2.1 压力传感器编程模块 / 048

    4.2.2 手势传感器编程模块 / 050

    4.2.3 触摸传感器编程模块 / 052

    4.2.4 测距传感器编程模块 / 053

4.3 选择结构 / 054

    4.3.1 选择结构介绍 / 054

    4.3.2 选择结构的变形 / 055

4.4 关系运算符和逻辑运算符 / 057

    4.4.1 关系运算符 / 057

    4.4.2 逻辑运算符 / 058

4.5 选择结构编程实例 / 060

    4.5.1 "如果"模块实例 / 060

    4.5.2 "如果…否则…"模块实例 / 061

    4.5.3 "否则如果…否则…"模块实例 / 061

4.6 案例实践 / 062

    4.6.1 任务描述 / 062

    4.6.2 制作构型 / 063

    4.6.3 图形化编程 / 064

第5章 变量 / 067

5.1 了解变量 / 067

    5.1.1 变量的概念 / 067

    5.1.2 变量的类型 / 068

5.2 使用变量 / 069

    5.2.1 变量模块 / 069

    5.2.2 变量的运算 / 072

5.3 变量编程实例 / 073

    5.3.1 实例1 计数变量 / 073

    5.3.2 实例2 状态变量 / 076

    5.3.3 变量实例3 / 079

    5.3.4 变量实例4 / 081

第6章 循环结构 / 086

6.1 循环语句 / 086

    6.1.1 while循环语句 / 087

    6.1.2 do...while循环语句 / 091

6.2 跳出循环 / 097

    6.2.1 break语句 / 097

    6.2.2 continue语句 / 102

6.3 循环结构综合应用 / 105

    6.3.1 综合应用1 / 105

    6.3.2 综合应用2 / 107

第7章 机器人编程实例 / 110

7.1 项目1：有效开关 / 110

    7.1.1 任务描述 / 110

    7.1.2 设计构型 / 110

    7.1.3 流程图 / 111

    7.1.4 图形化编程 / 112

7.2 项目2：别离我太近 / 112

    7.2.1 任务描述 / 112

    7.2.2 设计构型 / 113

    7.2.3 流程图 / 114

    7.2.4 图形化编程 / 114

第1章 机器人概论

1.1 机器人的产生和发展

1.1.1 机器人的产生

在古代，人类就希望制造一种可以代替自己完成各种各样工作的机器，最早的记录可以追溯到 3000 年前。

《列子·汤问》中记载了一个寓言故事：西周时期有个叫偃师的人制作了一个假的"伶人"（古代伶人指的是演员）献给周穆王，这个伶人可以唱歌跳舞。周穆王认为偃师在骗他，于是下令要处斩偃师。偃师非常害怕，请求将"伶人"拆解，最终周穆王发现该"伶人"真的是一个由木头和毛皮组成的"假人"。这是中国最早记载的木头机器人的雏形。

汉代科学家张衡（78 年—139 年）发明了"地动仪"，在当时他还创作了很多发明和撰写了很多著作，其中有一项"记里鼓车"（如下图）的发明。据记载，记里鼓车分为上下两层，每层各有木制机械人，手执木槌，下层机械人打鼓，车每行一里路，敲鼓一下；上层机械人敲打铃铛，车每行十里路，敲打铃铛一次。

三国时期（220年—280年），蜀国的丞相诸葛亮发明了"木牛流马"。据记载，这是一种运输工具，专门为外出打仗的士兵运送粮草。

"机器人"这个词语出现在1920年，捷克科幻作家卡雷尔·恰佩克的科幻舞台剧《罗索姆的万能机器人》中出现了"Robota"（原意为"劳役、苦工"）一词，在该科幻舞台剧中由真人扮演的"机器人"，如下图所示，后来"Robota"一词演化成为"Robot"。

1.1.2 机器人的发展

1939年，西屋电气公司制造的家用机器人Elektro在美国纽约世博会上展出，它由电缆控制行走，会说部分词语，甚至可以吸烟。虽然它不能真正实现帮助人类做家务的功能，但是让人们对家用机器人产生了更多的憧憬。

1942年，美国科幻小说家艾萨克·阿西莫夫在科幻小说中提出了"机器人三定律"，规定所有的机器人必须遵守以下三项法则。

- 第一法则：机器人不得伤害人类，并且确保人类不会受到伤害。

- 第二法则：在不违背第一法则的前提下，机器人必须服从人类的命令。

- 第三法则：在不违背第一法则、第二法则的前提下，机器人必须保护自己。

"机器人三定律"的目的是保护人类不会受到伤害，但艾萨克·阿西莫夫在小说中也探讨了在不违背"机器人三定律"的前提下伤害人类的可能性，甚至在小说中不断地挑战"机器人三定律"，在看起来完美的定律中找到许多漏洞。在现实生活中，"机器人三定律"被称为机械伦理学的基础。

1948 年，诺伯特·维纳发表了著名的《控制论》，他将控制论定义为"对动物和机器中的控制与通信的科学研究"，可以理解为是关于人、动物和机器如何互相控制和通信的科学研究。

1954 年，美国发明家乔治·德沃尔制造出了世界上第一台可编程的机器人 Unimate（尤尼梅特），如下图所示，该机器人在美国的一家汽车装配线上工作，因此它也成为世界上第一台工业机器人。这样一个革命性的机械手臂成为目前被广泛应用的机械臂雏形，2003 年，Unimate 进入了机器人名人堂。

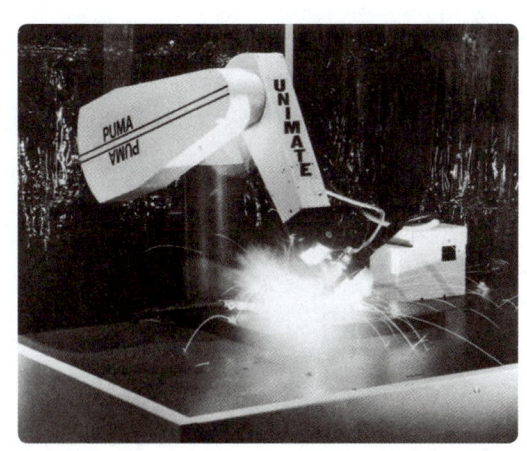

1966 年，美国斯坦福大学人工智能研发中心开始了谢克机器人的研发工作，这是第一台移动机器人，它被赋予了有限的观察和环境建模能力。

1969 年，日本机器人专家森政弘提出了"恐怖谷理论"（见下图），这是一个关于人类对机器人和非人类物体的感觉的假设。森政弘的假设指出，由于机器人与人类的外表、动作存在相似性，所以人类也会对机器人产生正面的情感；直到一个特定的程度，他们的反应便会变得极为负面。可是当机器人和人类的相似度继续上升，相当于普通人之间的相似度时，人类对机器人的情感反应会再度回到正面。

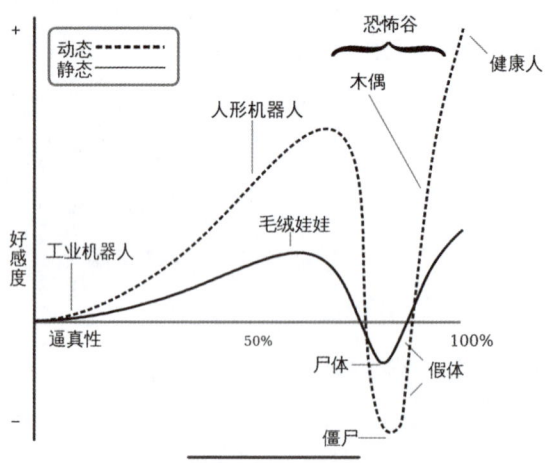

1.2 机器人的现状与前景

1.2.1 机器人的现状

随着科学技术的进步和发展,机器人已经进入了各行各业。对人类来说,太脏太累、太危险、太精细、太粗重或太反复无聊的工作,常常由机器人代劳。从事制造业工厂的生产线就应用了很多任务作业的机器人,其他应用领域还包括建筑、石油钻探、太空探索、水下探索、毒害物质清理、搜救、医学、仓储、军事领域等,如下图所示。

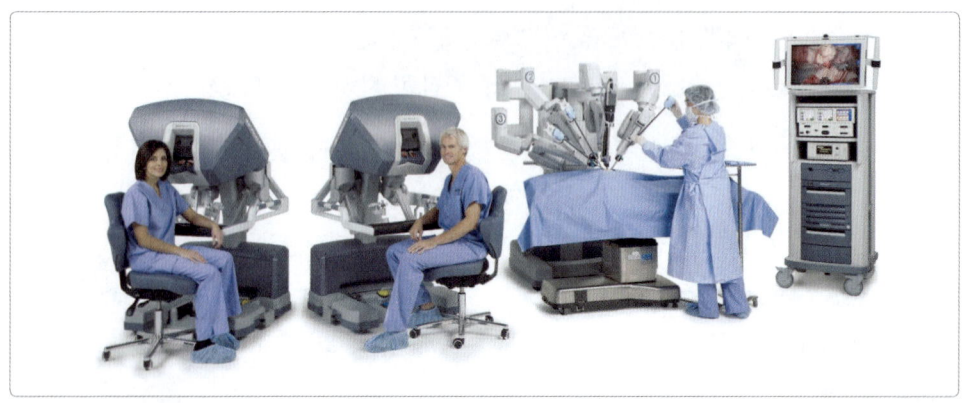

第1章 机器人概论

1.2.2 机器人的前景

理想中的高仿真机器人是集成材料学、仿生学、控制论、机械电子、计算机与人工智能的产物。2012 年 5 月 9 日,由 Google 研发的自动驾驶汽车在美国内华达州允许上路,并颁发了专用的红色车牌。下图是我国某公司研发的无人驾驶汽车。

2015 年 10 月,AlphaGo 击败樊麾,成为第一个无须让子即可在 19 路棋盘上击败职业围棋棋手的围棋程序。其后,又在 2016 年 3 月击败棋手李世石,2017 年 5 月击败棋手柯洁。

2020 年全球范围内爆发了新冠肺炎疫情,我国的科技公司阿里巴巴针对新冠肺炎临床诊断研发了一套全新的人工智能诊断技术，可以在 20 多秒内对疑似案例的 CT 影像进行判断，区分新型冠状病毒感染的肺炎、普通病毒性肺炎及健康的影像，准确率高达 96%。同时还针对专门收治确诊病例的医院，配备了智能移动机器人，这些智能移动机器人可以帮助医生完成给病人送药或提醒病人吃药等工作，极大避免了病毒的再次传播，为奋斗在抗疫一线的医护人员加强了健康保障。

前沿机器人技术的不断进步吸引着大众关注的目光，激发了人们对该行业的极大兴趣。目前，我国正在大力推进"制造强国"，智能制造产业包括人工智能、机器人、无人驾驶、虚拟现实、智能家居等众多领域。但这方面的人才需求存在着严重不足，尽管很多高校开设了人工智能相关课程，仍然不能满足市场的需求，尤其是高端科技人才的需求。

2017 年，国务院发布了《新一代人工智能发展规划》，提出"实施全民智能教育项目，在中小学阶段设置人工智能相关课程，逐步推广编程教育"。2018 年，教育部进一步明确，"构建人工智能多层次教育体系，在中小学阶段引入人工智能普及教育。"

1.3 教育机器人

在国家的大力推动下，我国多个省市都已经开展了基础的人工智能教育，而"机器人"正是开展人工智能课程非常好的载体，"机器人"的种类繁多，我们将机器人划分为三大类进行简单的概述。

1.3.1 拼插类机器人

乐高是一款最为大众熟知的拼插类机器人，其产品适用的年龄段从幼儿到成人。下图所展示的是一款适用于小学年龄段的可编程机器人，在机器人的初级教学中大部分使用的都是此类机器人。

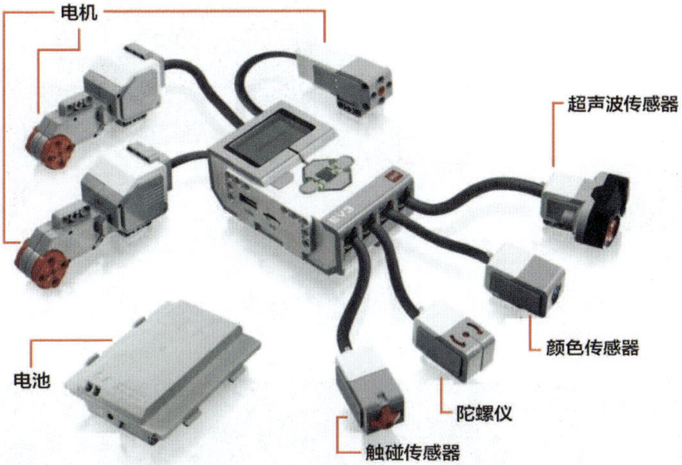

电机

超声波传感器

颜色传感器

陀螺仪

触碰传感器

电池

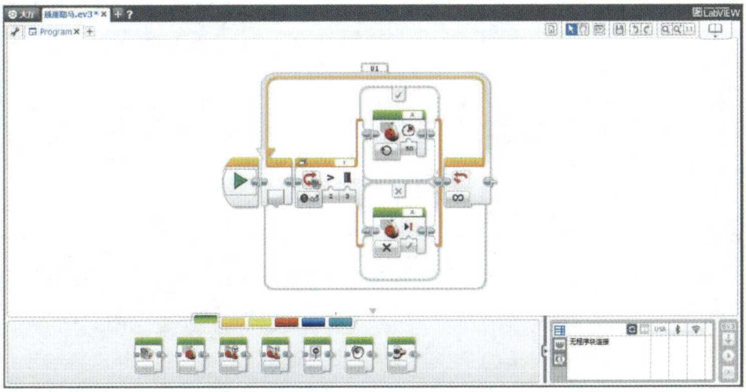

1.3.2 模块化机器人

模块化机器人是一种将零散结构件集成化的一种机器人。在教育机构或学校中，会将此类机器人放在中级或高级课程中。一般来说，模块化机器人的拼接方式比较简单，将各种模块对接在一起就可以构建出不同的造型，如下图所示。相对于拼插类机器人来说，模块化机器人可以节省大量的基础构建时间，从而使学生有更多的时间去创作。

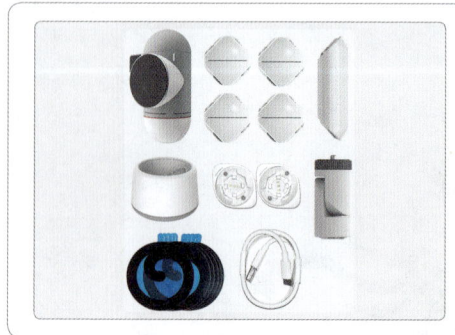

同样，模块化机器人也可以通过编程来完成一些比赛任务，如下图所示。

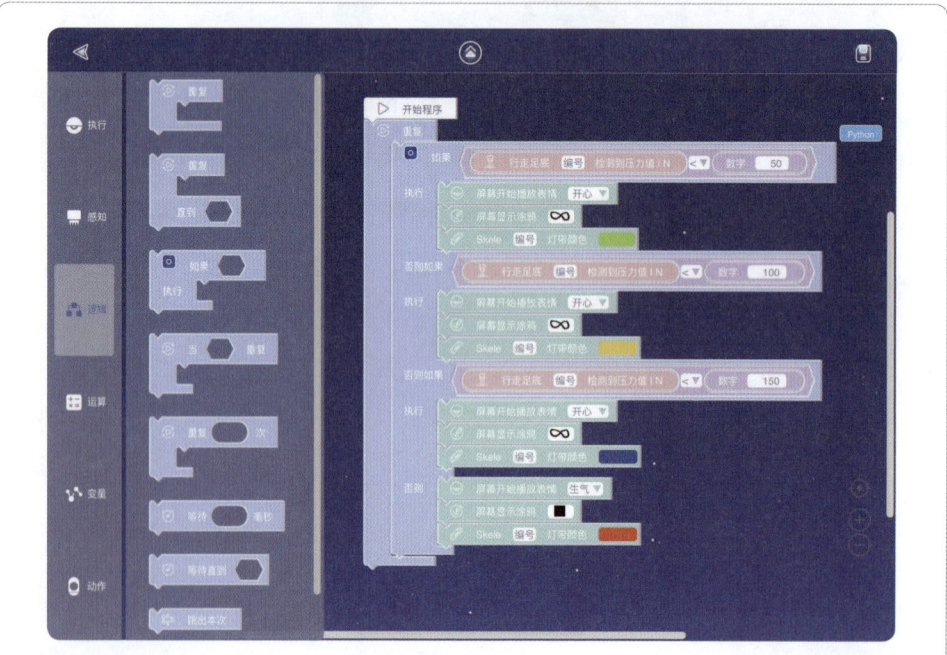

1.3.3　人形机器人

人形机器人,顾名思义就是一种"人形态"的机器人,一眼看去可以发现机器人身上具备了显著的"人体特征"。

下图是一款名为"NAO"的智能人形机器人,它可以通过 C++ 语言或 Python 语言进行编程,同时它身上也集成了各类传感器(见下图)。

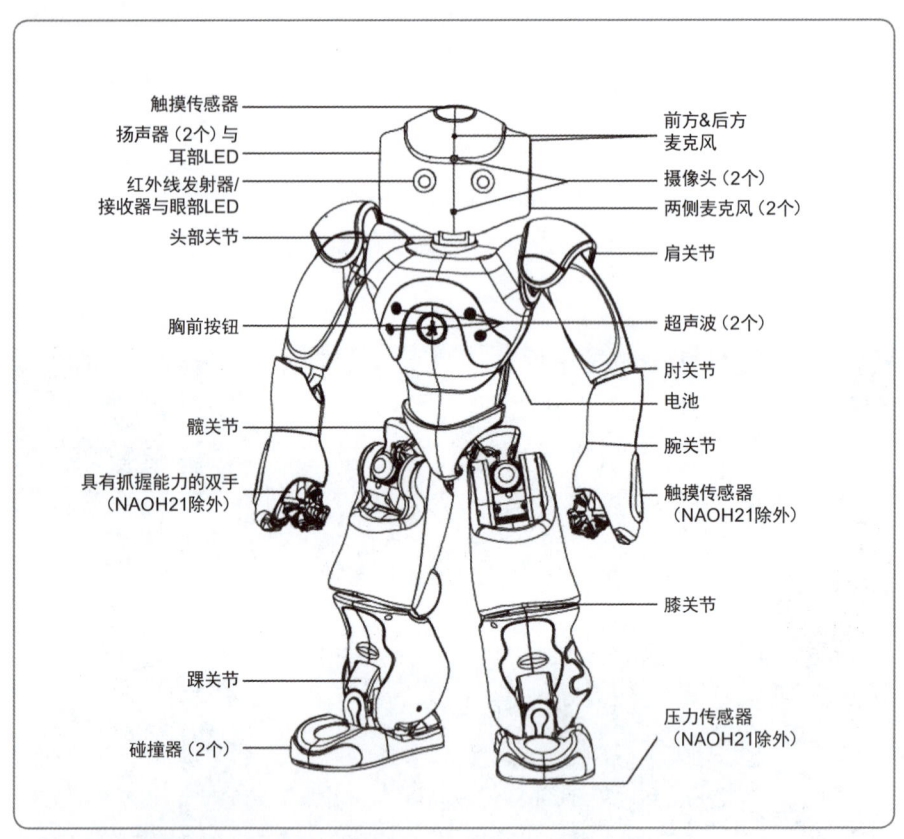

对比拼插类机器人和模块化机器人来说，人形机器人的外观可拓展性较弱，由于成本较高，所以在小学阶段学校一般会选用前两类机器人进行教学，而高校使用人形机器人教学则更加偏重于结构研究和算法。

第2章 模块化机器人

2.1 模块化机器人介绍

2.1.1 模块化机器人的特点

模块化机器人是以高度集成的几种模块为结构单位,按照不同的连接方式获得的多种不同构型的机器人,下图展示的是小动物形状的机器人。模块化机器人中的模块是一个个相互独立的机械功能模块单元,也是一种集通信、控制、驱动和传动为一体的模块单元。模块之间既可以实现快速的连接和分离,又允许输入动力和信息,并且可以通过该模块输入其他相邻的模块。

模块化机器人具有以下 3 个特点。

- 每个模块都应该有独立的某一特定的功能,相互之间彼此独立,这样就减小了各模块之间的关联性。

- 模块分为主动模块和被动模块,主动模块应该有独立的控制系统和驱动系统,可以驱动被动模块完成特定的机械动作。

- 各模块结构简单,模块之间可以方便地组合和拆卸,各模块也可以相互替换,实现快速组装。

2.1.2 各模块介绍

我们使用的模块化机器人有主动模块、被动模块和辅助模块。其中，被动模块也有三大类模块：关节模块、连杆模块和功能模块。模块化机器人主要模块如下图所示。

名称：Brain（主脑）。

属性：主动模块，机器人的核心。

功能：无线连接电子设备（手机或平板），接收其指令，为被动模块供电和传输指令。Brain 上还集成了摄像头、手势传感器、麦克风、陀螺仪等模块。

名称：Joint（驱动球）。

属性：被动模块，机器人的关节模块。

功能：Joint 有上下半球，可以旋转到一定角度，实现机器人的移动。

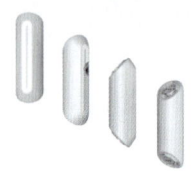

名称：Skeleton（延长杆）。

属性：被动模块，机器人的连杆模块。

功能：与其他模块进行连接，实现机器人结构上的延伸。

名称：Wheel（车轮）。

属性：被动模块，机器人的功能模块。

功能：通过不同速度的旋转，实现机器人的移动。

名称：Mount（底座）。
属性：辅助模块。
功能：可以连接一个Joint，将整个机器人固定在平面上。

名称：Locker（加固配件）。
属性：辅助模块。
功能：用在两个模块接口中间，加强两个模块之间拼接的稳定性。

名称：Grasper（机械手）。
属性：被动模块，机器人的功能模块。
功能：用于抓取物体，爪体采用柔性设计，使抓取更牢固。

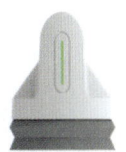
名称：Suction Cup（吸盘）。
属性：被动模块，机器人的功能模块。
功能：通过气泵吸气，实现吸附功能。

名称：Smart Foot（行走足底）。
属性：辅助模块。
功能：行走足底上带有压力传感器，可以检测外界压力的大小，压力单位为牛顿，符号为N。

名称：Distance Sensor（测距传感器）。
属性：辅助模块。
功能：可以检测遮挡物的距离，距离单位为厘米，符号为 cm。

2.1.3 模块化机器人拼装

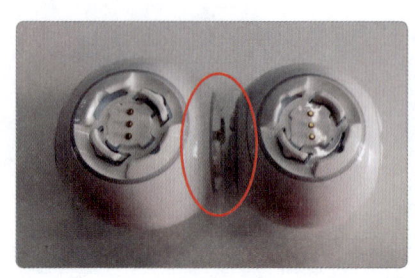

模块化机器人的拼装方法很简单，每个模块都会有卡扣，当任意两个模块拼装时对齐卡扣、相互按压即可，如左图所示。

拼装方法

（1）平行连接。

两个连接模块的中线是互相平行的关系。

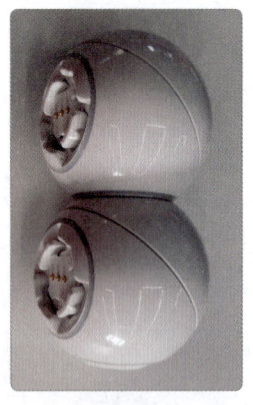

驱动球之间

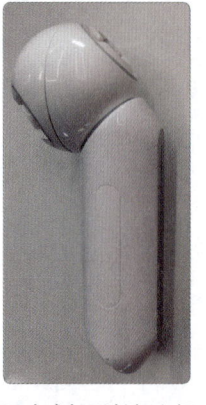

驱动球与延长杆之间

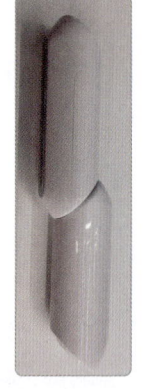

延长杆之间

（2）垂直连接。

两个连接模块的中线是相互垂直的关系，如下图所示。

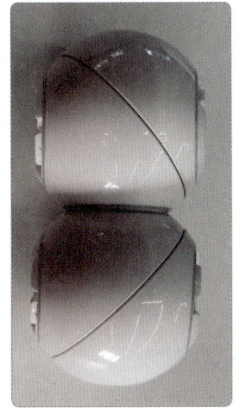

驱动球之间

驱动球与延长杆之间

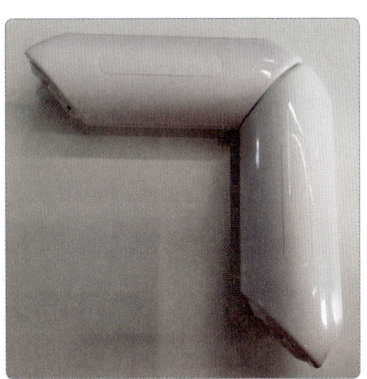

延长杆之间

2.2 机器人操控

2.2.1 操控软件 Clicbot 介绍

从官方网站下载 Clicbot 后,打开 Clicbot 软件,可以观看动画或跳过动画,然后进入主界面,如下图所示。

① 单击"设置"按钮后,出现以下 4 个选项。

- 账户:登录账号,查看账号信息,退出账号。
- Brain:查看已连接 Brain 的信息。
- 系统:清除系统缓存,了解版本信息。
- 帮助:使用帮助、用户隐私、建议反馈。

② 连接 Brain 按钮:连接 Brain 按钮有两种方法,第 1 种方法,Brain 直连;第 2 种方法,将 Brain 按钮和手机连接同一个网络后,根据 Brain 的名称,连接需要的 Brain 按钮。

③ 官方:官方提供的构型及构型动作,可以按照提示步骤和 3D 视图拼装构型后,直接操控该构型执行动作。

④ 实验室:自定义构型,用户可以自己设计机器人的构型与动作,最终操控机器人。

⑤ 社区:用户可以上传自己的作品视频,与其他人进行相互交流,观看其他人的作品视频。

2.2.2 了解官方构型

1. 拼装构型

登录账号，连接 Brain 按钮后，打开"官方"选项，选择"小尾巴"构型，按照提示拼装构型，如下图所示。

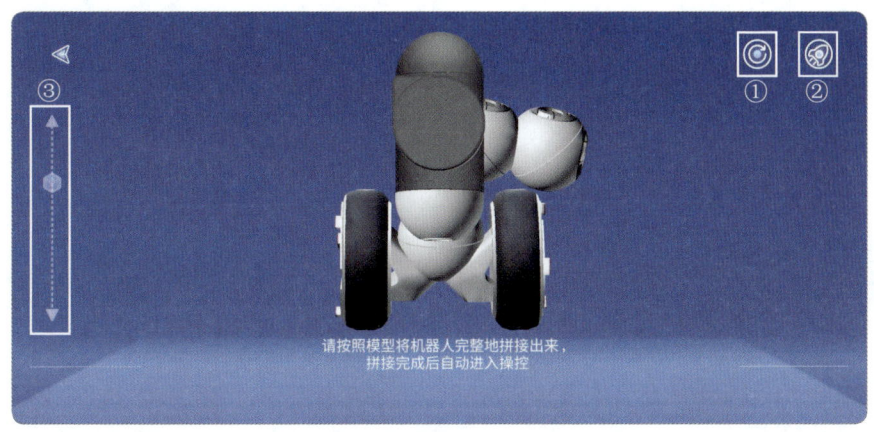

① "刷新"按钮，3D 视图与实物图同步一致。

② 切换引导模式，可以使用初级引导模式，也可以使用高级引导模式，显示整个构型，按照整个构型框架自行拼装。

③ 上下移动构型，拖曳按钮，上下移动构型 3D 视图。

④ 单指按住屏幕进行滑动操作，可以改变 3D 视图的展示角度；双指同时按住屏幕进行上下滑动操作，可以放大或缩小构型，如下图所示。

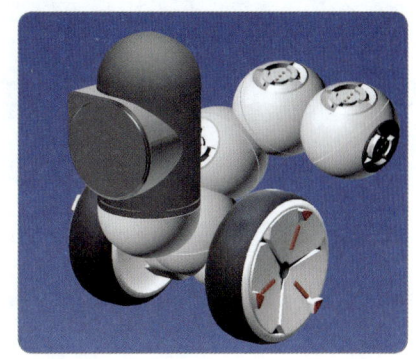

当出现拼装错误时，会有彩色提示。构型拼装完成后，会自动调整初始角度，单击屏幕中间的"播放"按钮即可进入操控界面，如下图所示。

2. 操控构型

使用两边的操控按钮，如下图所示，就可以操控机器人构型。接下来观察机器人的变形和运动。

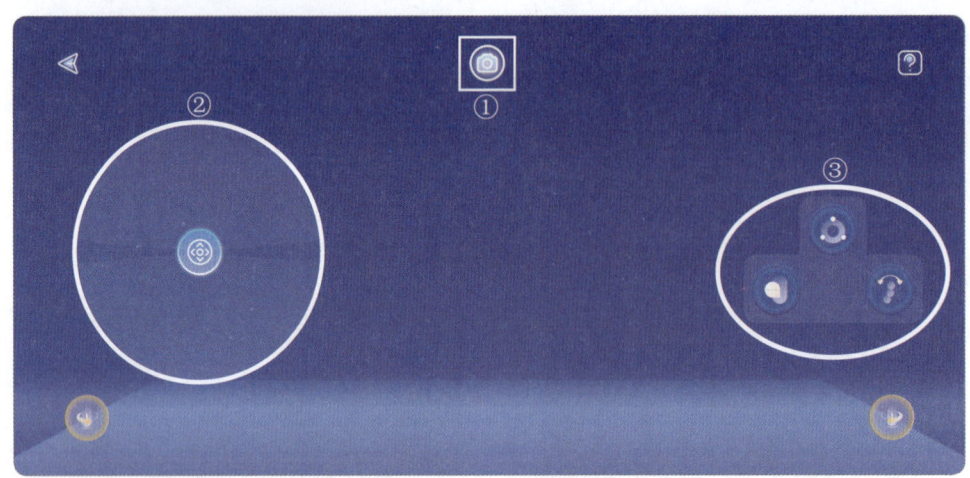

① 可以拍照录制视频，将构型的动作录制下来。

② 和③为机器人构型动作，官方构型中的动作是固定的，只能操控不能调整。左侧为方向盘动作，右侧为示教动作和旋转动作。

2.2.3 实践官方构型

任意选择一个官方构型,自己拼装并操控。

下面以火星车为例进行介绍,如下图所示。

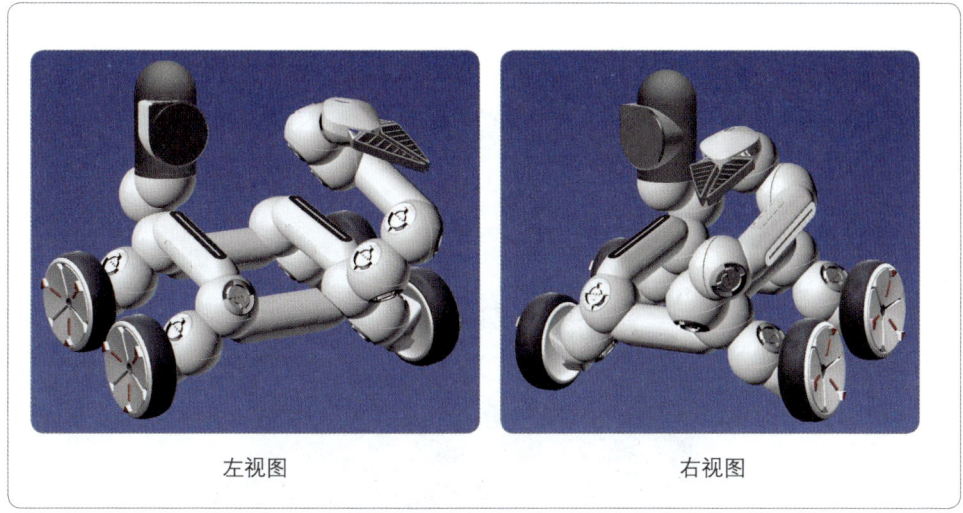

左视图　　　　　　　　　右视图

构型拼装完成后,会自动调整初始角度,单击屏幕中间的"播放"按钮进入操控界面,如下图所示。

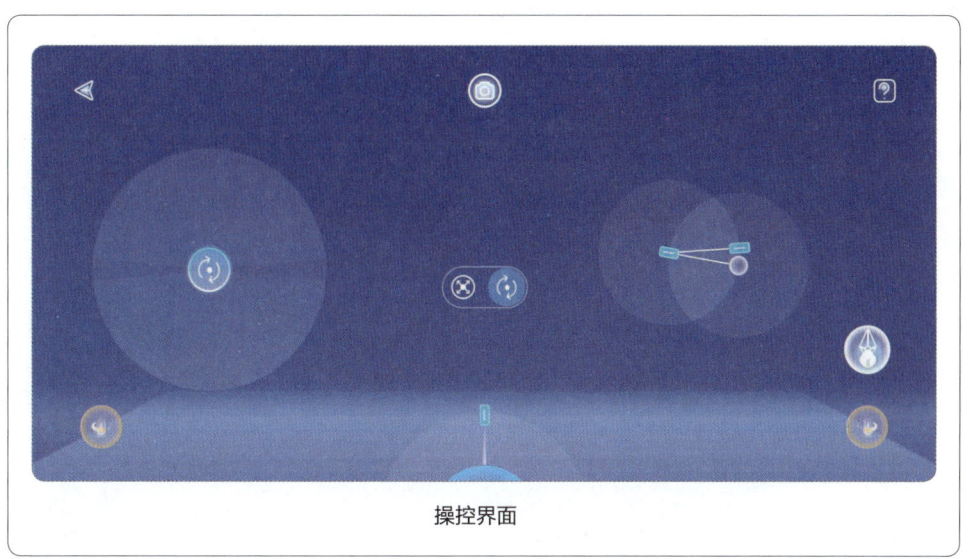

操控界面

2.3 自主设计机器人构型

2.3.1 设计机器人构型

根据目标完成机器人构型设计。

目标：制作一个四驱车机器人。

提示：我们可以搜索一些四驱车的图片，如下图所示，按照它的形体和功能来设计构型。

参考构型如下图所示。

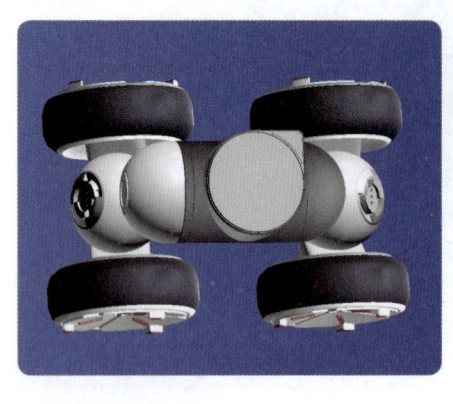
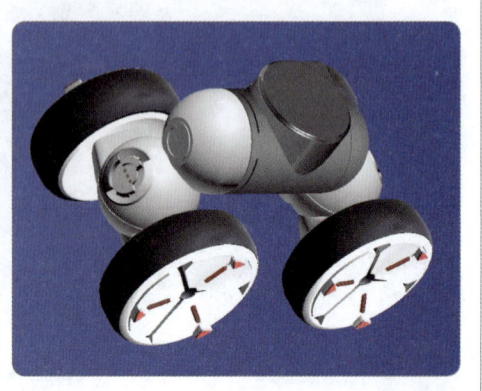

完成构型后，单击"保存"按钮，将构型保存，并命名为"简易四驱车"。

2.3.2 设计机器人动作

下面使用四驱车构型,学习自定义机器人动作,先进入动作库界面,如下图所示。

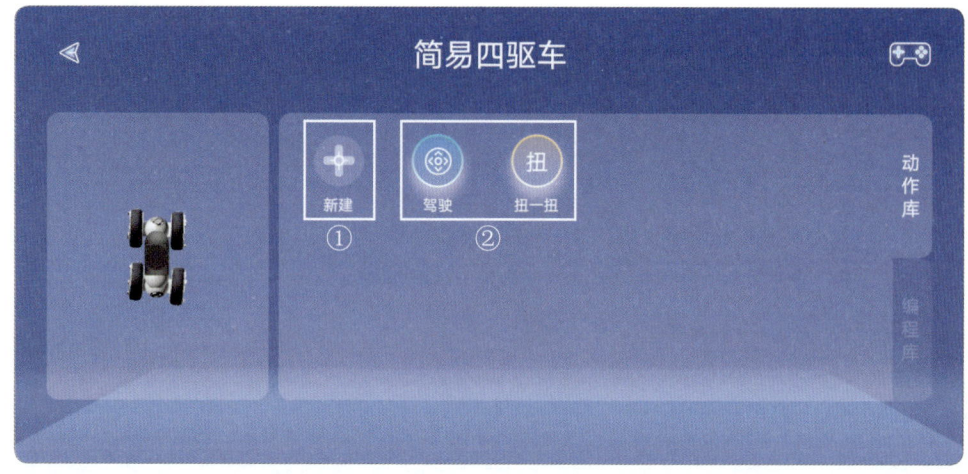

① 新建动作,有 3 种动作可以选择,分别是示教动作、旋转动作和方向盘动作,如下图所示。

② 对于已经完成的动作,单击其动作,会出现 3 个标志,我们可以选择执行、修改和删除该动作。

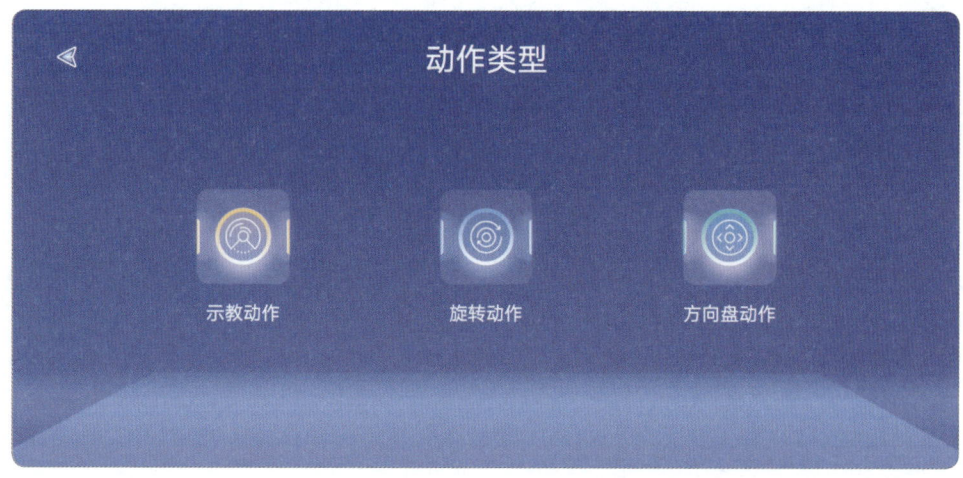

（1）示教动作。

手动调整机器人的姿势，添加姿态和姿态点。

① 添加姿态，手动调整好机器人的姿势后，单击"添加"按钮，添加此时姿态；然后会出现一个姿态点，如下图所示。

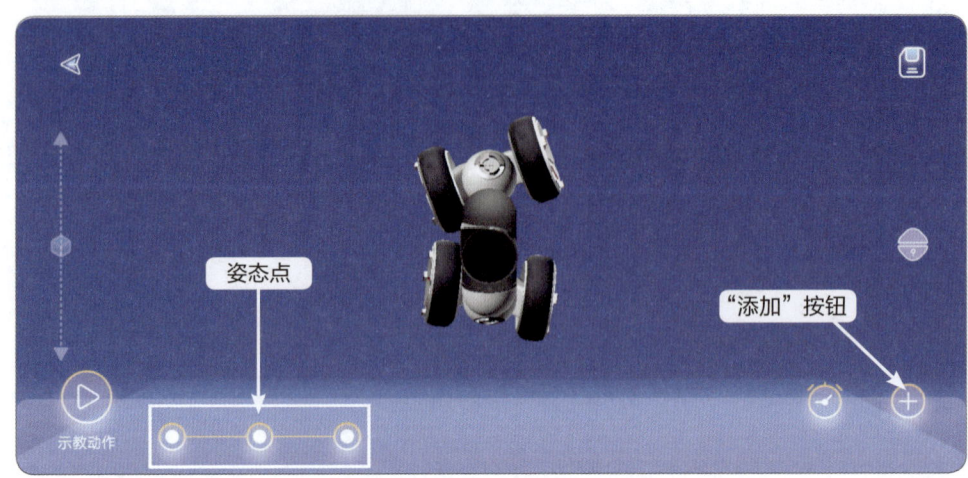

② 姿态点，单击姿态点，可以对姿态点进行执行、编辑、复制、删除、调整时间等操作，如下图所示；还可以在其后面添加新的姿态点。

提示：让四驱车向左和向右扭一扭，添加几个姿态点后，单击右上角的"保存"按钮，将整个动作保存。

（2）旋转动作。

选择构型中Wheel（车轮）或Joint（驱动球）的模块，设置其方向和速度，如下图所示。

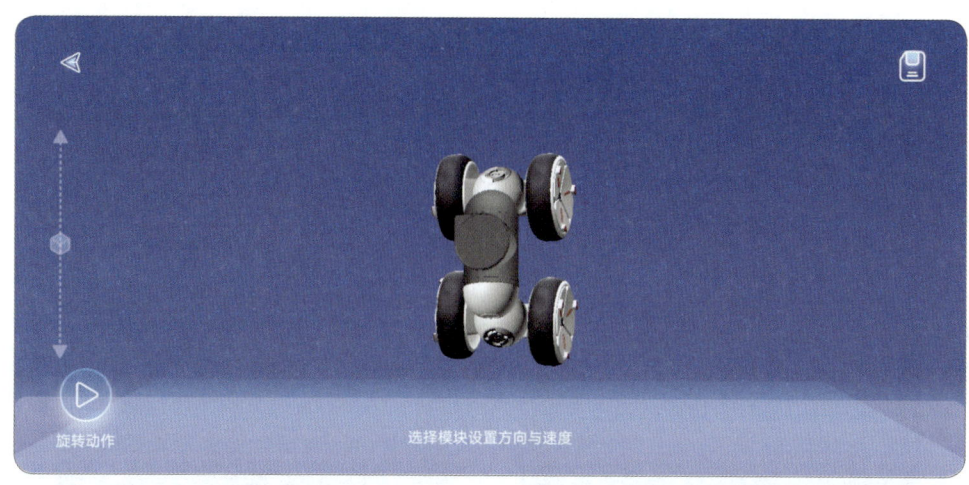

提示：依次设置4个Wheel（车轮）的方向和速度，让四驱车行驶，完成后将整个动作保存。

（3）方向盘动作。

① 设置前进时的姿态，单击下图中的"添加前进姿态"图标，进入相应界面的手动调整构型姿态，调整完成之后对其进行保存。

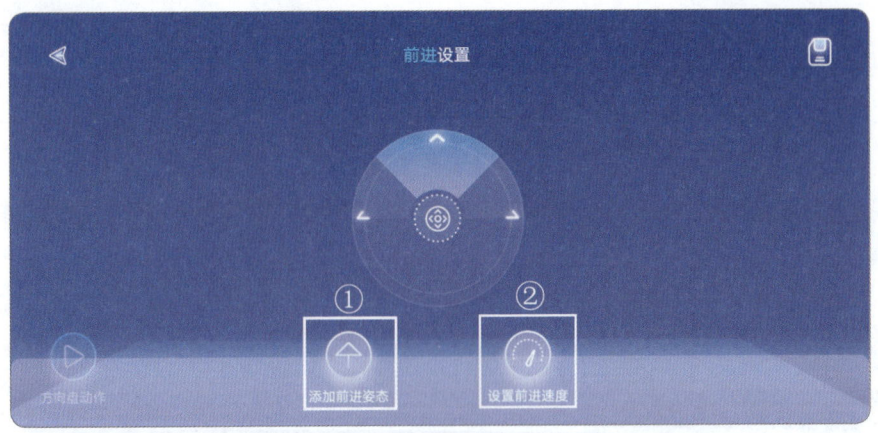

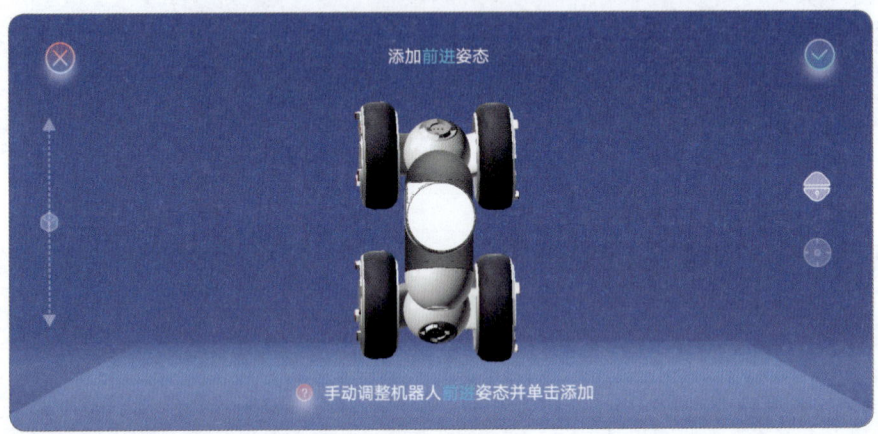

② 设置前进速度,有两种设置前进速度的方法。第 1 种方法,可以依次设置 4 个 Wheel(车轮)的方向和速度,使四驱车前进,如下图所示。

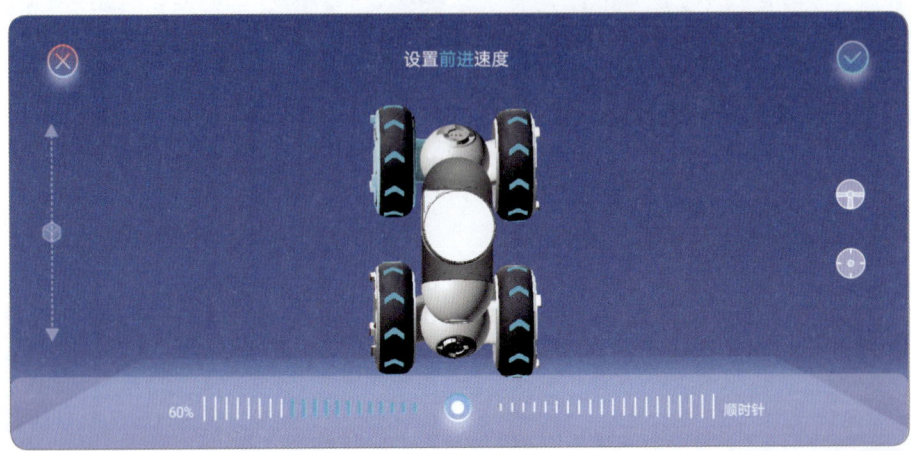

第 2 种方法，单击右侧 按钮进入试驾模式，用手推动四驱车在平面上前进，软件将自动记录四驱车的速度，再拖动后面速度条改变四驱车的速度，如下图所示。

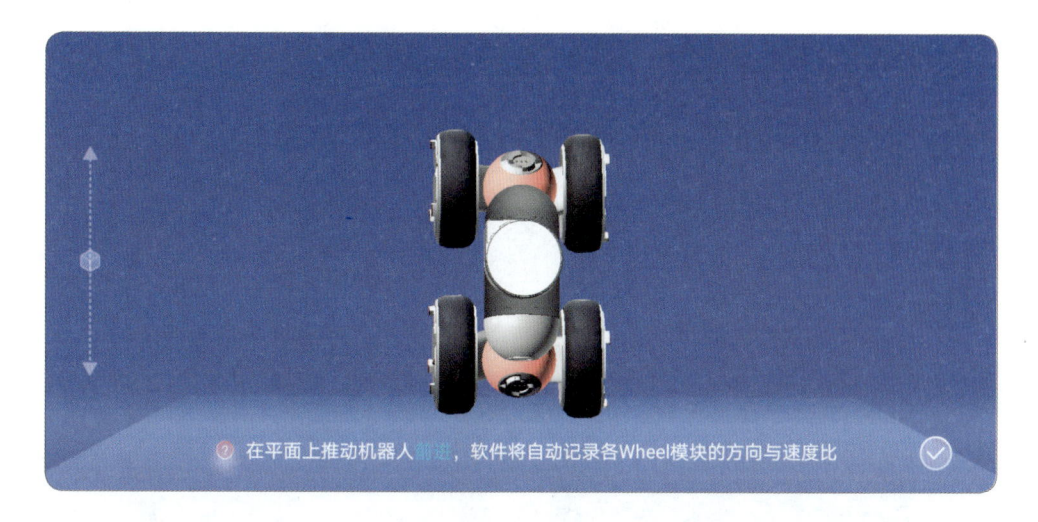

在确定好速度后，单击"确定"按钮 ，如下图所示，返回方向盘界面。

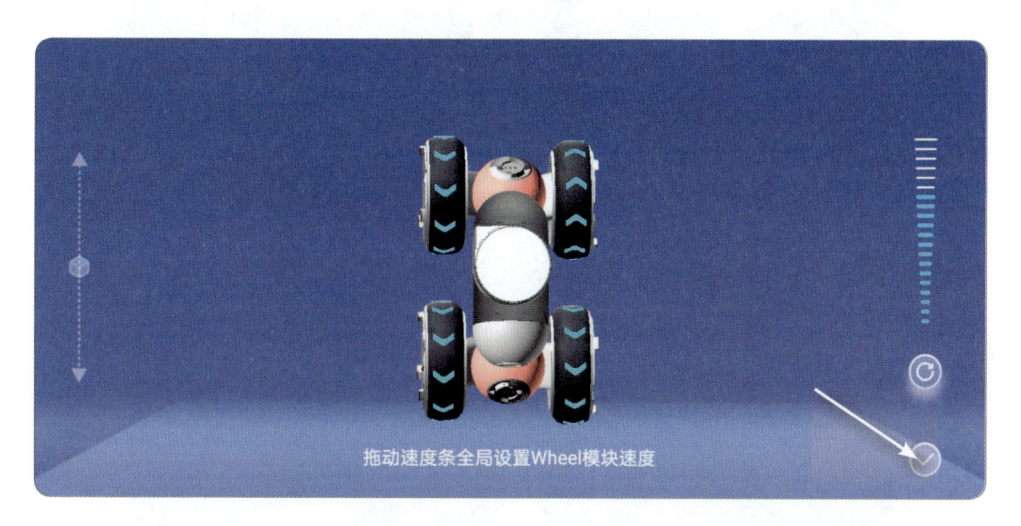

③ 添加左转姿态，手动调整四驱车的车头方向，调整好之后单击右上角的"确定"按钮 ，如下图所示。

④ 设置左转速度的方法与设置前进速度的方法相同，可以依次选择 Wheel（车轮）模块设置方向和速度，也可以使用试驾模式推动机器人前进，软件会自动记录 Wheel（车轮）的速度和方向，如下图所示。

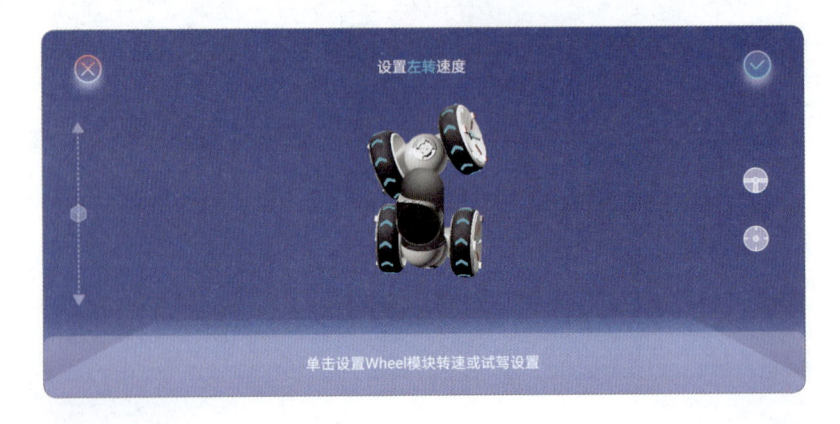

⑤ 设置右转姿态和速度，其设置方法与设置左转姿态和速度的方法相同。

⑥ 保存动作，前进、左转、右转全部完成后，单击右上角的"保存"按钮并命名，如下图所示。

2.3.3 操控机器人

动作添加完成后，开始设置操控界面。单击界面右上角的"操控"按钮（见上图），进入操控界面，如下图所示。

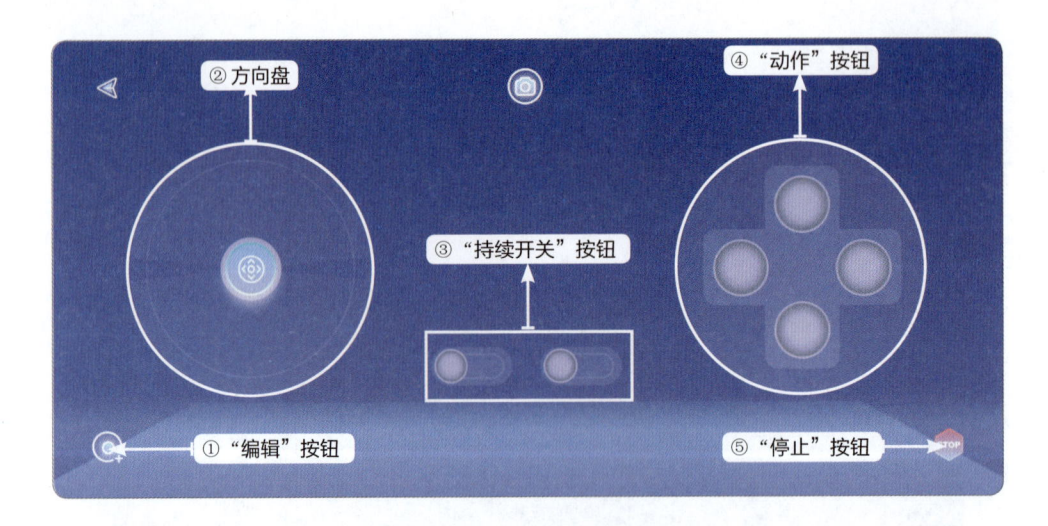

② 方向盘
④ "动作" 按钮
③ "持续开关" 按钮
① "编辑" 按钮
⑤ "停止" 按钮

① 单击操控界面中的"编辑"按钮（见上图①），可以左右滑动更换操控界面，选择好界面后，将完成的动作拖曳到操控界面的相应按钮，如下图所示。

② 方向盘，方向盘动作专用。

③ "持续开关"按钮，拖曳到此处的动作在打开开关后会一直执行，直到再次单击该按钮将其关闭。

④ "动作"按钮，单击此处动作，动作会执行一次后自动结束。

⑤ "停止"按钮，停止当前一切动作。

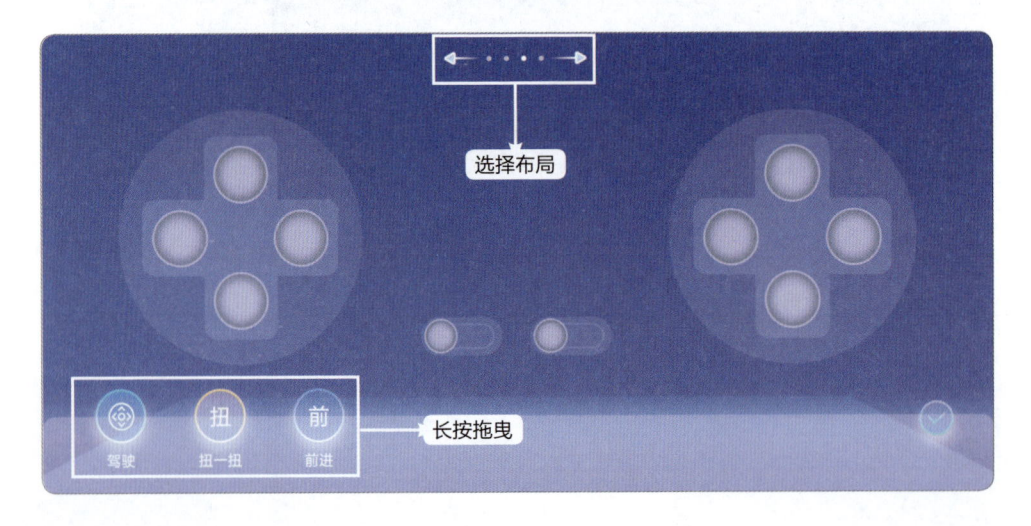

选择布局

长按拖曳

将动作拖曳到适当位置后，单击"确定"按钮，这时就可以操控四驱车了，如下图所示。

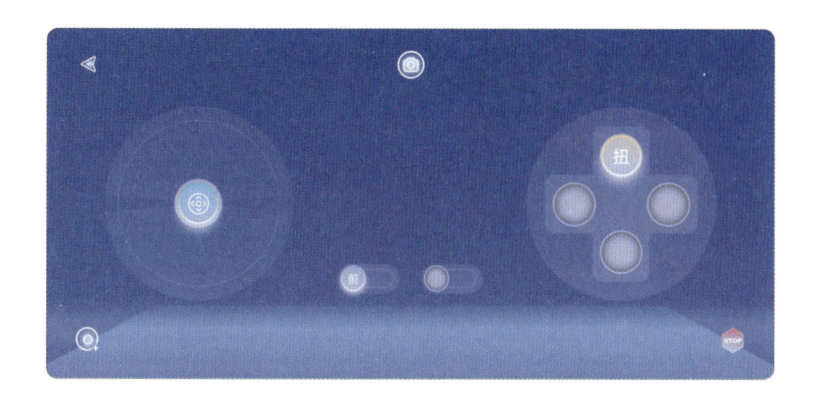

可以返回添加动作界面，继续添加动作；当需要修改"动作"按钮时，单击界面左下角的"编辑"按钮即可。

2.3.4 自主设计机器人

目标：制作一个仿生机器人。

提示：我们可以搜索一些动物或昆虫的图片，按照它们的形体和特点来设计构型。例如，小狗有 4 条腿、1 条尾巴，可以设计走路、摇尾巴、坐下、握手等动作；又如蝎子有长长的尾巴钩子，会往前爬行，战斗时尾巴会攻击敌人。

参考构型：小狗的参考构型如下图所示。

第3章　编程和顺序结构

3.1　编程介绍

3.1.1　编程语言

编程语言（programming language）是用来定义计算机程序的形式语言。它是一种被标准化的交流技巧，用来向计算机发出指令。一种能够让程序员准确地定义计算机所需要使用数据的计算机语言，并精确地定义在不同情况下所应当采取的行动。

最早的编程语言是在计算机发明之前产生的，当时用来控制提花织布机及自动演奏钢琴的动作。目前，在计算机领域已发明了上千种不同的编程语言，而且每年都会出现新的编程语言。很多编程语言需要用指令方式说明计算的程序，而有些编程语言则属于宣告式编程，只说明需要的结果，而不说明如何计算。下图为编程语言中的经典语句"Hello,World!"。

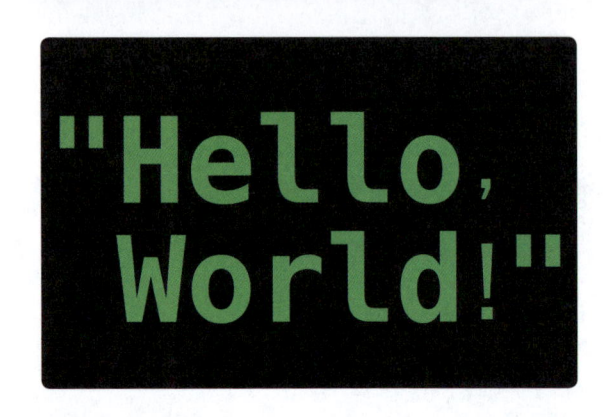

编程语言的描述一般可以分为语法及语义。语法是说明编程语言中，哪些符号或文字的组合方式是正确的；语义则是对于编程的解释。有些编程语言是使用规格文件定义的。例如，C 语言的规格文件也是 ISO 标准中的一部分，2011 年后的版本为 ISO/IEC 9899—2017。

3.1.2　常用的编程语言

编程语言发展至今已有上千种，它们分别被应用在不同的领域，这里我们选择几种最为大众熟悉的编程语言进行简单介绍。

C 语言是一种通用的编程语言，广泛用于系统软件与应用软件的开发。1969 年—1973 年，丹尼斯·里奇与肯·汤普逊为了开发 UNIX 操作系统，以 B 语言为基础，在贝尔实验室设计并开发了 C 语言。

1978 年，丹尼斯·里奇和布莱恩·柯林汉合作出版了《C 程序设计语言》（第 1 版），如下图所示。

C 语言具有高效、灵活、功能丰富、表达力强和较高的可移植性等特点，在程序设计中备受青睐，成为近 25 年使用最为广泛的编程语言。目前，C 语言编译器普遍存在于各种不同的操作系统中，如 Windows、macOS、Linux、UNIX 等。C 语言的设计影响了许多编程语言，如 C++、Objective-C、Java、C# 等。

C++ 是一种被广泛使用的计算机程序设计语言。它也是一种通用程序设计语言，支持多重编程模式，如过程化程序设计、数据抽象、面向对象程序设计、泛型程序设计和设计模式等。

20 世纪 80 年代，比雅尼·斯特劳斯特鲁普在贝尔实验室工作期间发明并实现了 C++（下图为 C++ 之父比雅尼·斯特劳斯特鲁普的著作《C++ 编程语言》）。起初，C++ 被称为 "C with Classes"（"包含'类'的 C 语言"），作为 C 语言的增强版出现。随后，C++ 不断增加新特性，虚函数、运算符重载、多继承、标准模板库、异常处理、运行时类型信息、名字空间等概念逐渐被纳入 ISO 标准。1998 年，国际标准组织（ISO）颁布了 C++ 程序设计语言的第一个国际标准 ISO/IEC 14882—1998，目前最新标准为 ISO/IEC 14882—2017。根据《C++ 编程思想》书中的内容讲解，C++ 与 C 语言的代码执行效率往往相差在 ±5% 之间。

Java 是一种广泛使用的计算机编程语言（下图为 Java 的 Logo 和吉祥物 Duke），它具有跨平台、面向对象、泛型编程的特性，广泛应用于企业级 Web 应用开发和移动应用开发。Java 的编程风格十分接近 C++。继承了 C++ 面向对象的核心技术，舍弃了容易引起错误的"指针"，并用"引用"替代"指针"；移除了 C++ 中的"运算符重载"和"多重继承"的特性，用"接口"将其替代；增加了"垃圾回收器"功能。

任职于 Sun 公司的詹姆斯·高斯林等人于 1990 年开发了 Java 的雏形，最初命名为 Oak，其目标是应用于家用电器等小型系统的编程语言。由于当初这些智能化家电的市场需求没有达到预期效果，Sun 公司放弃了这项计划。

随着互联网的发展，Sun 公司看到了 Oak 在互联网上应用的前景，于是对 Qak 进行了改造，并于 1995 年 5 月正式更名的 Java。Java 伴随着互联网的迅猛发展而发展，逐渐成为重要的网络编程语言。

Python 是一种广泛使用的解释型高级编程语言或通用型编程语言（下图为 Python 的 Logo），由吉多·范罗苏姆开发，第 1 版发布于 1991 年。Python 的设计哲学强调代码的可读性和简洁性，相比 C++ 或 Java，Python 让开发者能够用更少的代码表达想法，不管是小型程序还是大型程序，Python 都试图让程序的结构变得更加清晰、明了。

Hello World 程序

绝大部分的编程语言初学者所接触的第一个程序，就是在计算机上输出"Hello, World!"，接下来我们看一看使用 C 语言、C++、Java、Python 4 种编程语言如何输出"Hello, World!"，如下图所示。

C 语言

```c
1 #include <stdio.h>
2
3 int main(void)
4 {
5     printf("Hello,world!\n");
6     return 0;
7 }
```

C++

```cpp
1 #include <iostream>
2 int main() {
3     std::cout << "Hello,world!" << std::endl;
4     return 0;
5 }
```

Java

```java
public class HelloWorld {
    public static void main(String[] args) {
        System.out.println("Hello,World!");
    }
}
```

Python

```python
print("Hello,world!")
```

通过上面实例的比较可以看出，语言的进化越来越简洁，但编程语言一般都是英文，这就意味着学习它们需要具有一定的英文基础，以及能对键盘进行熟练操作。小学阶段的大部分学生还不能熟练操作键盘，以"Hello,World!"程序来说，学生在键盘上找字母的时间可能远远大于写代码的时间。因此，我们需要一款符合小学生认知水平、操作简单快捷的编程软件，图形化编程应运而生。

3.1.3 图形化编程

2007年，美国麻省理工学院发布了图形化编程软件Scratch，如下图所示。目前，Scratch的在线平台已经有超过2000万的注册用户，它被翻译成70多种语言，风靡全球150多个国家和地区。同样，Scratch也被广泛应用于学校、家庭及计算机编程培训机构等场所。

从Scratch受欢迎的程度可以看出，图形化编程软件是非常适合在中小学开展教学的。积木拼接式的编程方式，省去了学生输入代码的时间，同时又保留了编程语言的逻辑语法，使学生可以在短时间内创造出更多的可能性。例如，北京师范大学的"米思齐"团队也开发了一款图形化编程软件"Mixly（米思齐）"，如下图所示，该软件一经推出便受到了诸多好评。

机器人教育在中小学阶段的开展，使得各个公司也相继推出与自己产品所配套的图形化编程软件，如下图所示。这样能使学生在课堂上有更多的时间学习编程知识，并减少试错成本。

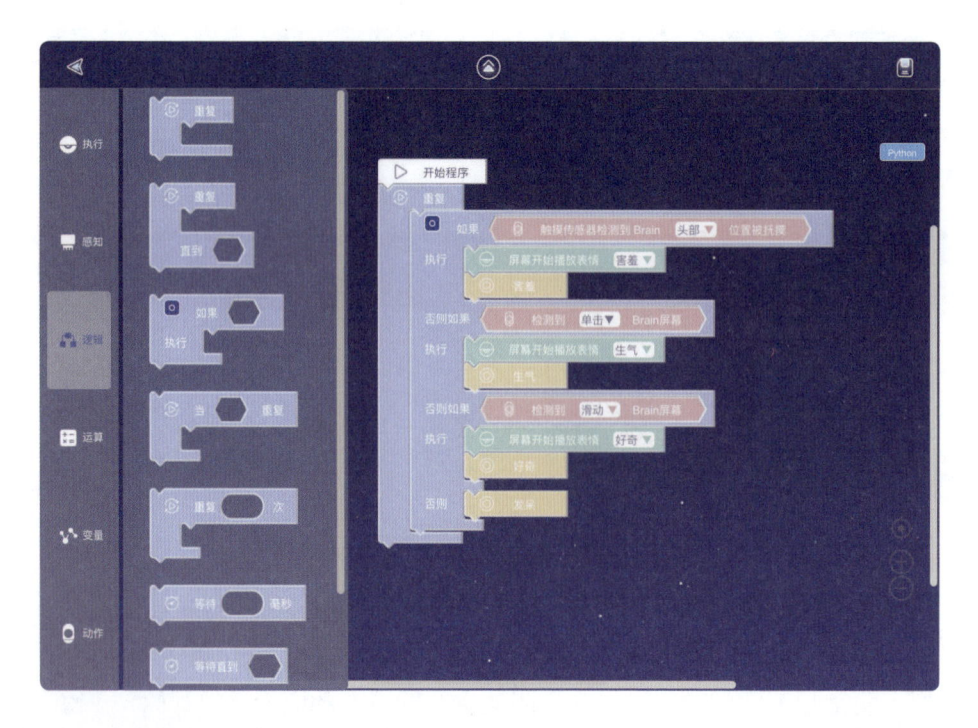

接下来将会从基础的编程知识点入手，并且为了减少课堂中的试错成本，将配合模块化机器人进行实例教学。

3.2 程序中的 3 种基本结构

3.2.1 顺序结构

任何简单或复杂的程序都可以由顺序结构、选择结构和循环结构 3 种基本结构组合而成。所以这 3 种结构被称为程序的 3 种基本结构，也是在程序设计中必须采用的结构。而程序中的每种结构都有相应的流程图。

顺序结构表示程序中的各个指令是按照它们在代码中的排列顺序依次执行的。顺序结构的特点是，程序从开始处按顺序执行所有操作，直到执行完最后一条"指令 2"结束，所以称为顺序结构，其流程图如下图所示。[1]

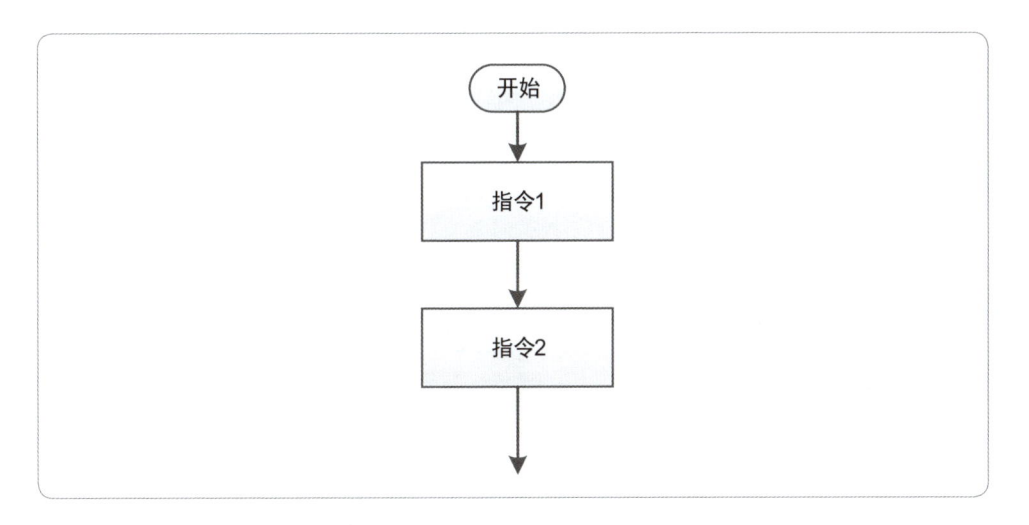

3.2.2 选择结构

选择结构表示程序处理需要根据某个特定的条件选择其中一个分支执行。选择结构分为单选择结构、双选择结构和多选择结构，其流程图如下图所示。

---

[1] 为使此学段学生更好理解程序设计过程，如无特殊说明本书中的"流程图"仅代表操作过程中流程的示意图。

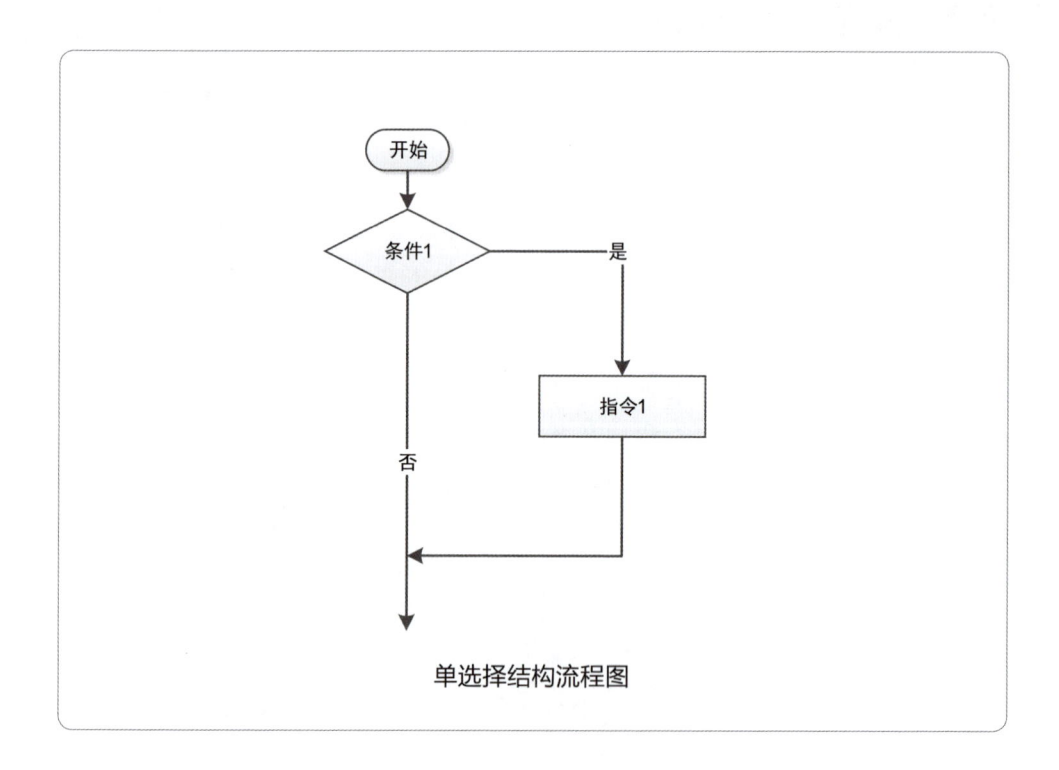

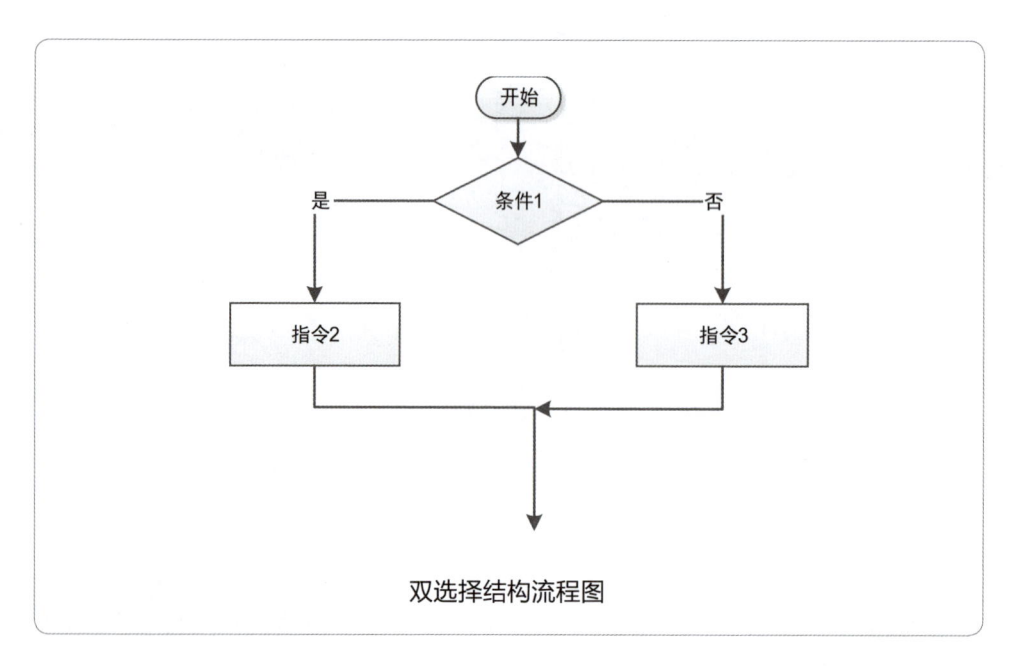

单选择结构流程图

双选择结构流程图

多选择结构流程图

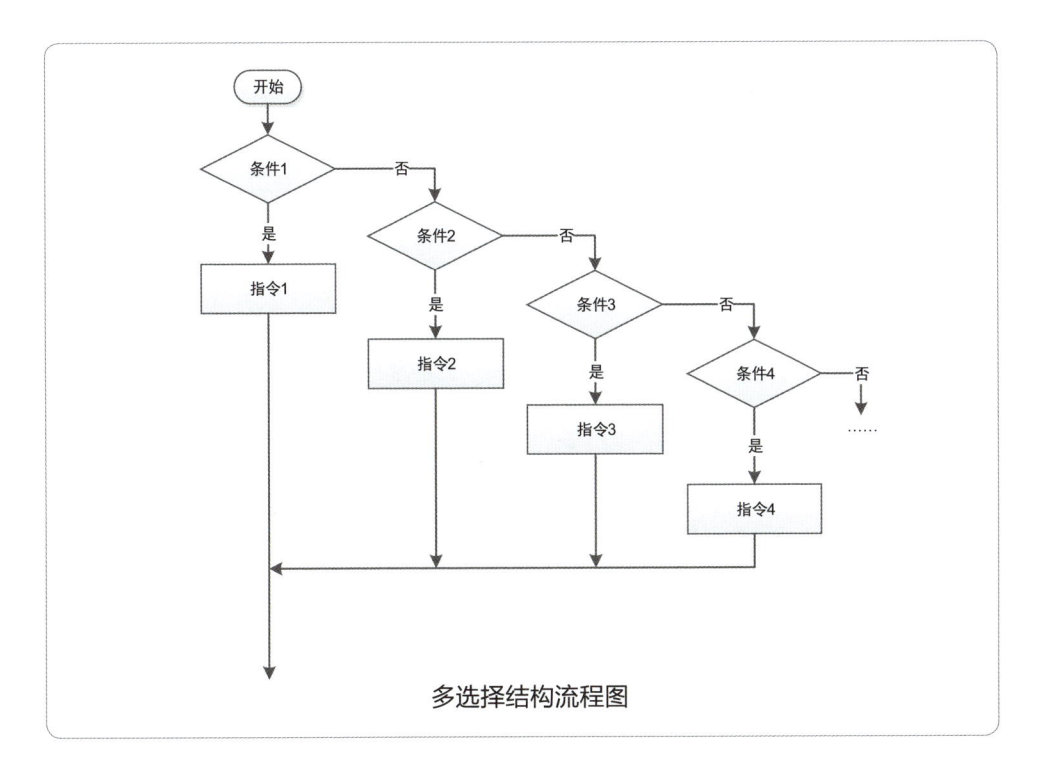

3.2.3 循环结构

循环结构表示程序反复执行某个操作，直到满足条件时结束。循环结构有两种基本形式：当型循环和直到型循环。

当型循环：先判断条件，当条件为真时执行循环体，并在循环结束时自动返回循环入口处，再次判断循环条件；如果条件为假，则退出循环体。流程图如下图所示。

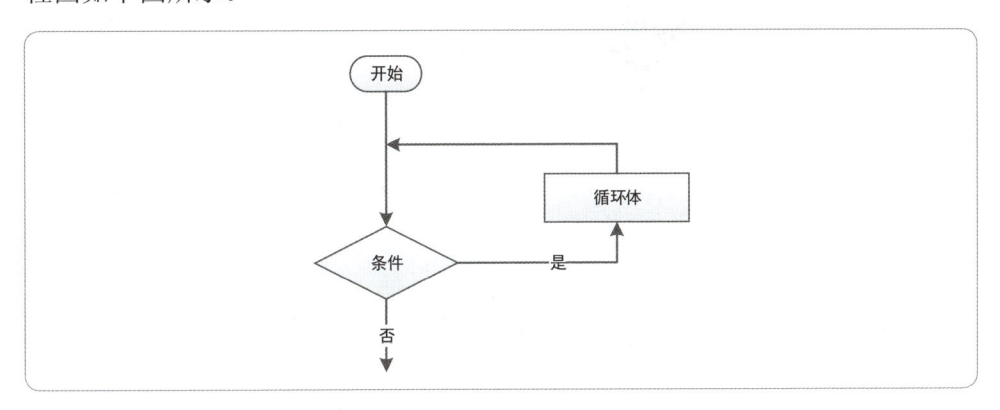

直到型循环：程序开始直接执行循环体，循环结束时判断条件，如果条件为真，则返回程序开始处继续执行循环体，直到条件为假时退出循环体。流程图如下图所示。

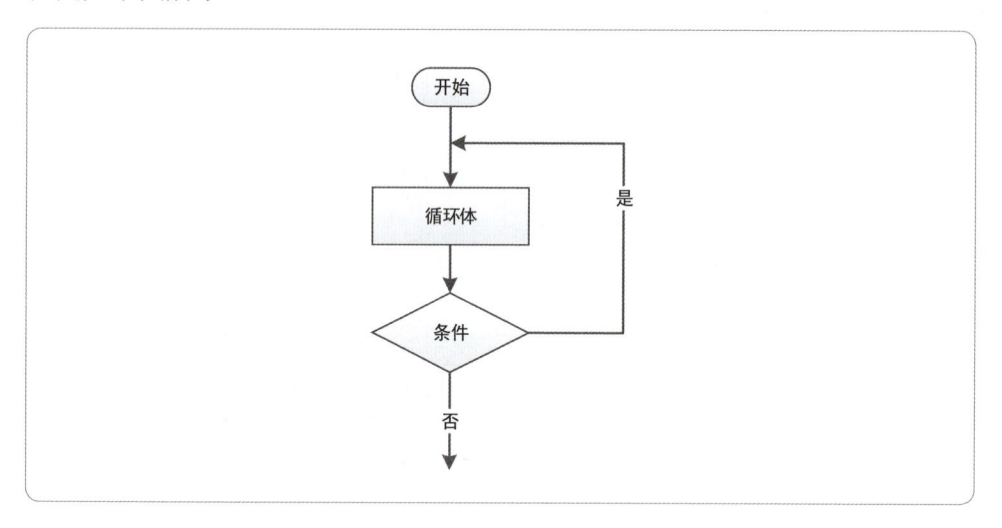

3.3 顺序结构实例

3.3.1 旋转的机械臂

使用模块化机器人快速搭建一个构型，如下图所示，然后在自定义模式中使用编程软件控制它旋转。

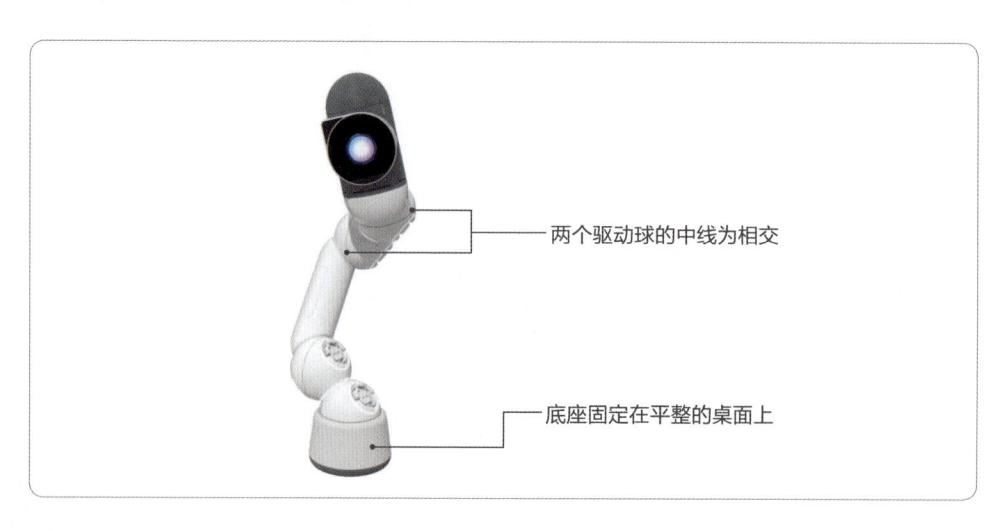

构型拼接完成后进入编程，使用顺序结构编写代码完成机械臂"旋转一周"的动作。

提示：完成"旋转一周"的动作需要驱动机器人底部驱动球，如下图所示。

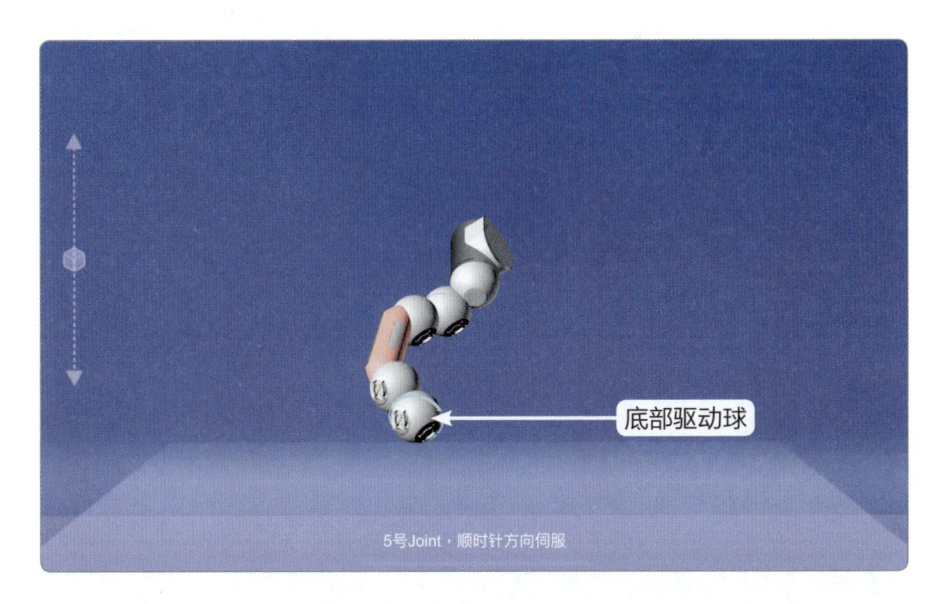

识别驱动球后，进行编程，如下图所示。

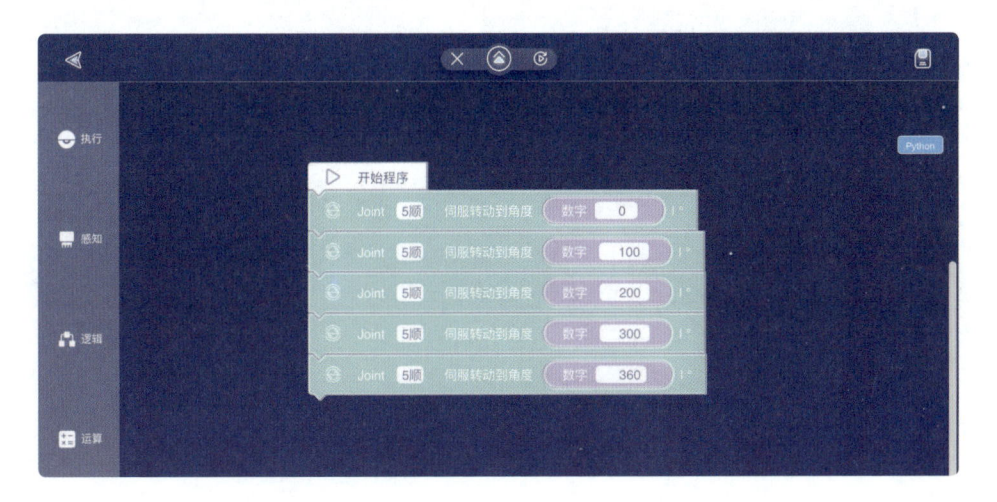

程序通过 5 次转动，使机械臂旋转一周，同时也符合了前面顺序结构编程的逻辑。当机械臂转动到 360°时（360°与 0°位置相同）正好完成一周旋转，下面来看一看转动过程，如下图所示。

| 0° | 100° | 200° | 300° | 360° |

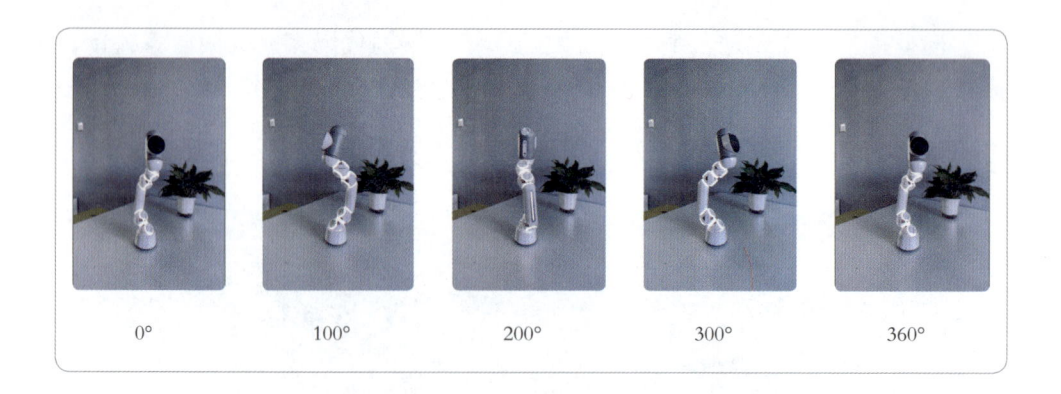

3.3.2 四驱车

自定义一辆四驱车，并使用顺序结构编写代码使四驱车完成前进、后退、左转、右转、停止的动作。

（1）自定义四驱车构型，如下图所示。

提示：构型外观仅作为参考使用。

（2）使用顺序结构编程完成四驱车前进、后退、左转、右转、停止的动作，如下图所示。

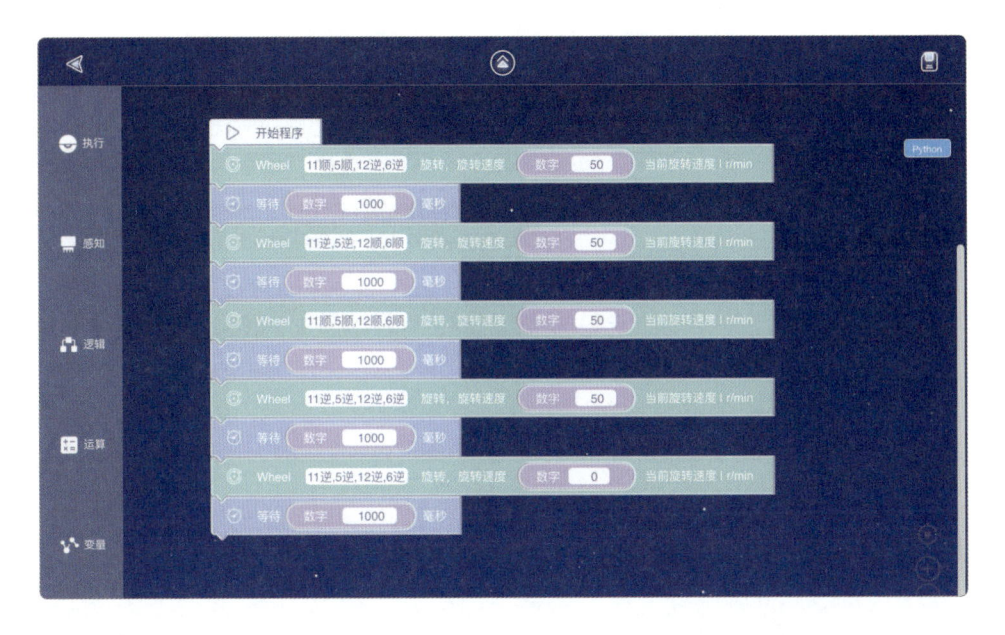

4个轮子的方向可以通过单击"Wheel模块"中的第1个参数栏进行设置，如下图所示。

前进　　　　　　　　　　　　　　　左转

程序中每个动作指令下都添加了一个"等待模块"，"等待模块"的功能就是让程序执行到此处时"等待"一下，再去执行下面的指令。

我们以程序的前两行指令（见下图）为例来进行讲解。

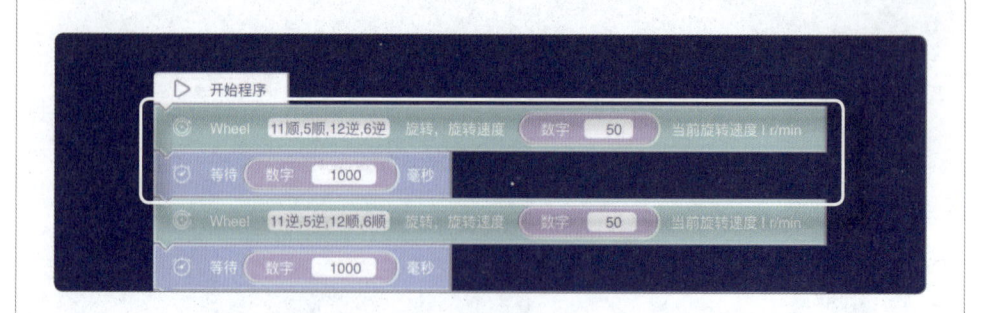

```
▶ 开始程序
Wheel  11顺,5顺,12逆,6逆  旋转, 旋转速度  数字  50  当前旋转速度 1 r/min
等待  数字  1000  毫秒
Wheel  11逆,5逆,12顺,6顺  旋转, 旋转速度  数字  50  当前旋转速度 1 r/min
等待  数字  1000  毫秒
```

　　程序中的第 1 条指令为"前进",如果在"前进"指令后面直接添加"后退"指令,我们是看不到四驱车"前进"的,因为程序执行完一条指令的时间非常短,四驱车刚接收到"前进"指令,还来不及做出反应,马上就接收到程序发送的"后退"指令,这样就看不到它做出"前进"的动作了。

　　因此,在"前进"指令后面增加一条"等待"指令,将"前进"动作与"后退"动作进行分割,就变成了四驱车接收到"前进"指令,执行"前进"动作,1 秒(1000 毫秒 =1 秒)后四驱车执行"后退"动作,1 秒后执行"左转"动作……通过"等待"模块所增加的时间就可以看到四驱车执行各个动作了。如果想要每个动作执行的时间长一些,则可以增加"等待"模块中的数字。

第4章 选择结构和传感器

4.1 传感器的概念

4.1.1 什么是传感器

传感器是一种物理设备或生物器官,能够探测、感受外界的信号、物理条件(光、热、湿度)或化学组成(烟雾),并将探知的信息传递给其他设备。下图为传感器的基本组成模块。

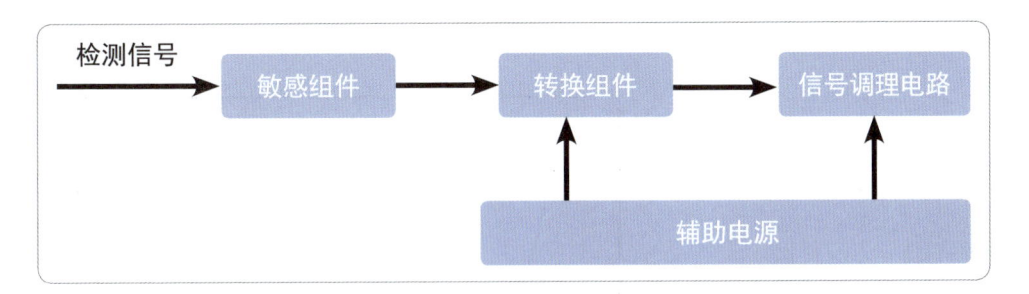

一个传感器的输入对输出的影响称为传感系数或灵敏度。例如,一个水银温度计,每当温度上升 1℃时,水银柱上升 1cm(厘米),则这个水银温度计的传感系数为 1cm/℃。

当一个传感器的输入和输出完全呈线性关系时,这个传感器就是一个理想传感器。同时,理想传感器还应该遵守以下原则。

- 只会受到被测因素的影响。
- 不会受到其他因素的影响。
- 传感器本身不会影响被测因素。

4.1.2 常见传感器

传感器的种类繁多,比较常见的有以下几种:压力传感器、手势传感器、温湿度传感器、pH 传感器、超声波传感器、加速度传感器、光线传感器、测距传感器、IR 红外线传感器、触感传感器等。

为了使读者更好地理解传感器的工作原理,下面列举 3 个常见的传感器进行简单介绍。

1. 压力传感器

压力传感器是能感受压力信号,并能按照一定的规律将压力信号转换成可用的输出电信号的装置。本书所用的压力传感器在感受到外部压力时电阻值会发生变化,将压力信号转换成相应的电信号输出,通过传感器内部模块的运算可以将这种电信号计算成具体的单位 N(牛顿),本书中所使用的压力传感器及参数表如下图所示。

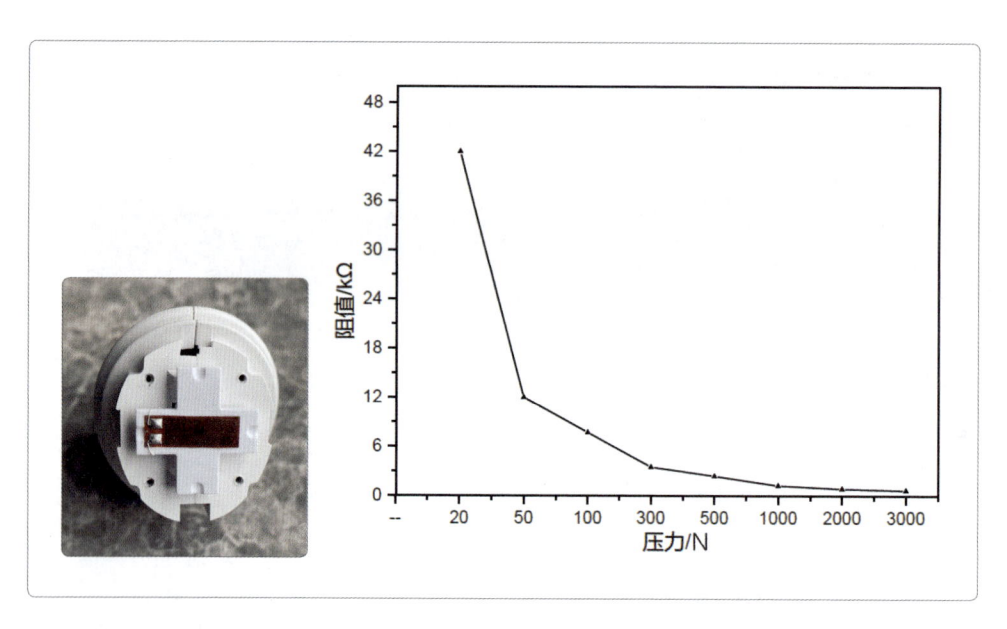

2. 手势传感器

手势传感器已经被应用到了各个领域,只要挥挥手设备就能识别你的手势,按照预先设定好的指令工作。本书所使用的手势传感器如下图所示。

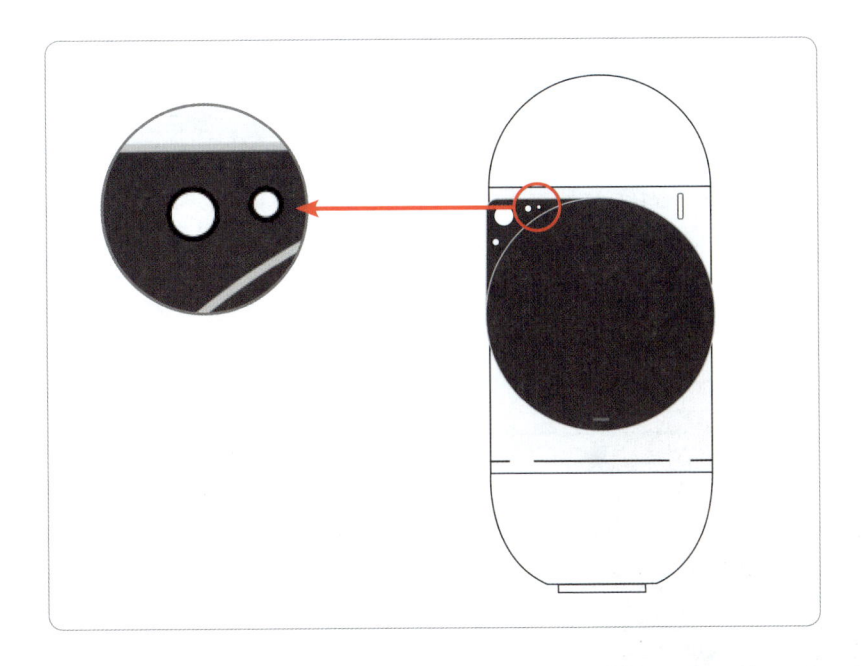

手势传感器内置了 8 种手势算法，当人们对手势传感器做出相应的手势时，就可以被手势传感器精准识别。在编程软件中可以查看到代表"手势传感器"的模块及内置的 8 种手势，如下图所示。

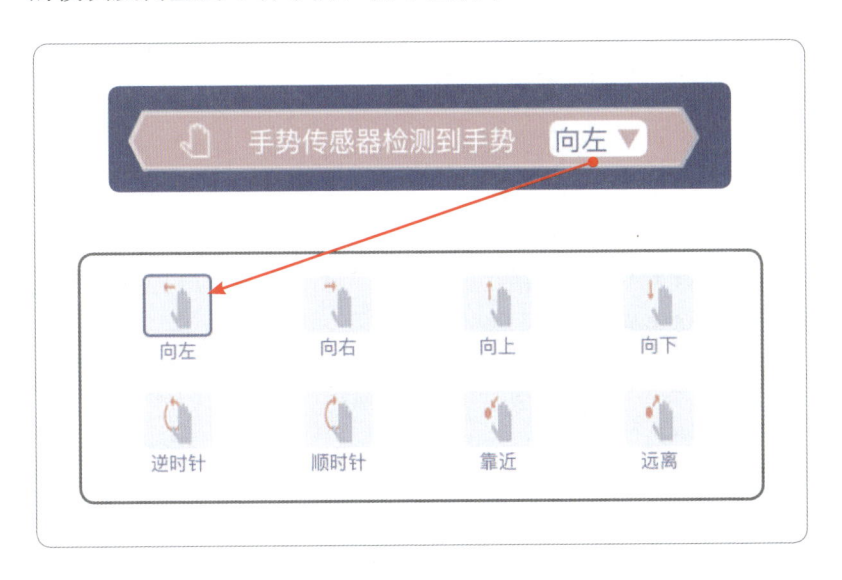

3. 测距传感器

测距传感器（见下图）利用了红外线反射原理，测距传感器有一个红外激光发射口和接收口，内置的模块可以通过从发射光线到接收光线的时间来自动计算出传感器与障碍物之间的距离。如果光以速度 c 在空气中传播，在 A、B 两点之间往返一次所需要的时间为 t，则 A、B 两点之间的距离可以用 D 来表示，公式为：$D = ct/2$。

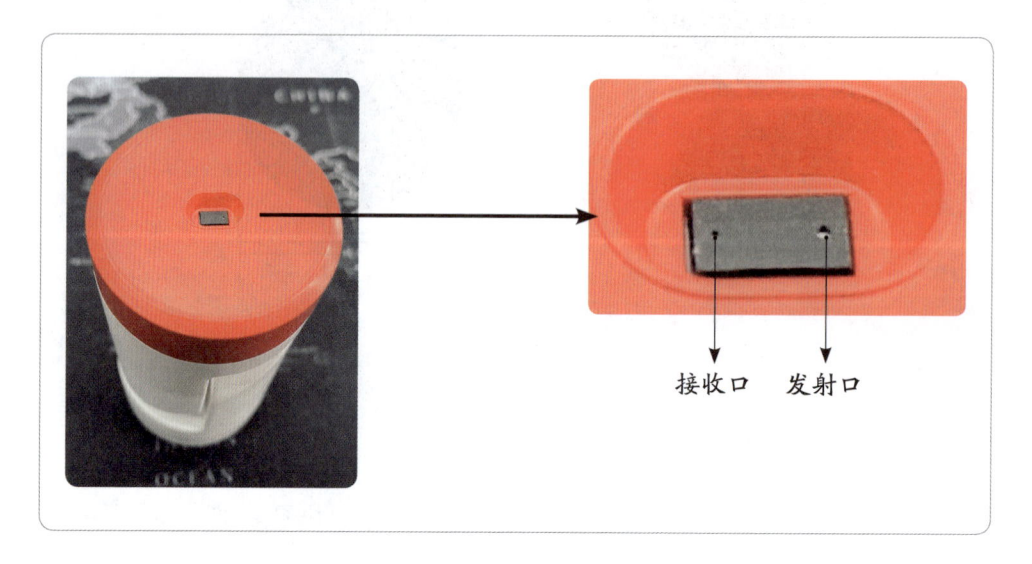

接收口　发射口

4.2 传感器编程模块介绍

4.2.1 压力传感器编程模块

传感器在编程软件中有其独立的模块（见下图），压力传感器模块在软件中的单位是 N（牛顿）。

牛顿，简称牛，符号为 N，它是一种衡量力的大小的国际单位，以科学家艾萨克·牛顿的名字命名。

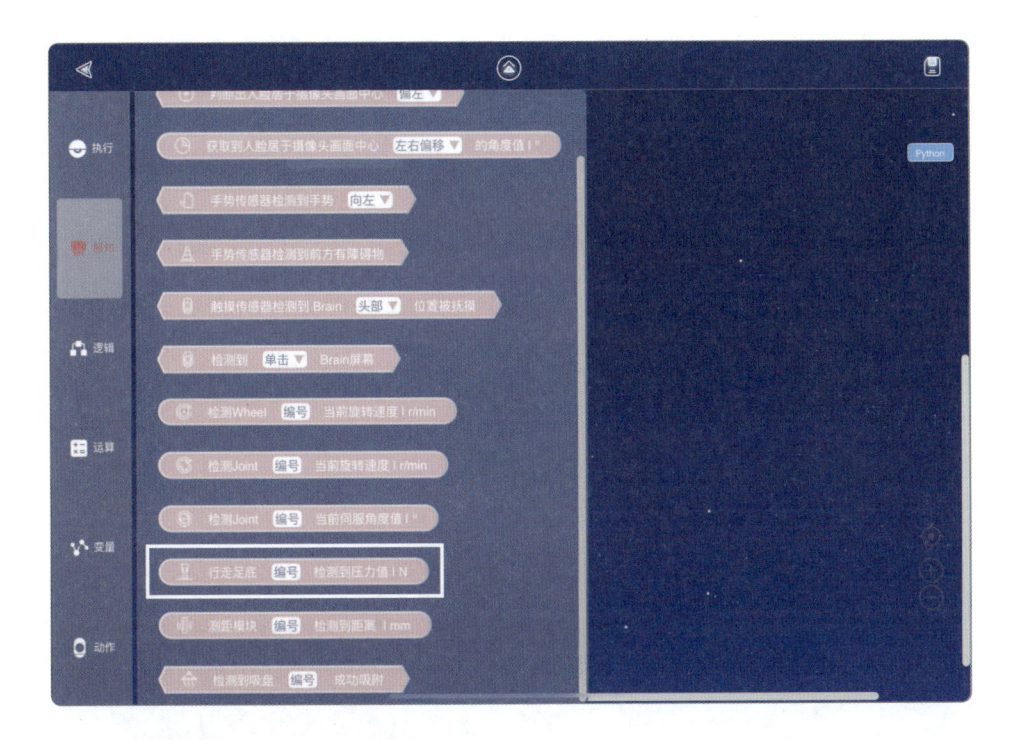

压力传感器可以检测到外界对传感器施加的力。如果想要制作一个"当压力传感器检测到当前的压力为10N时,屏幕就会显示一个涂鸦"的机器人。可以先画出流程图,再通过图形化编程实现,如下图所示。

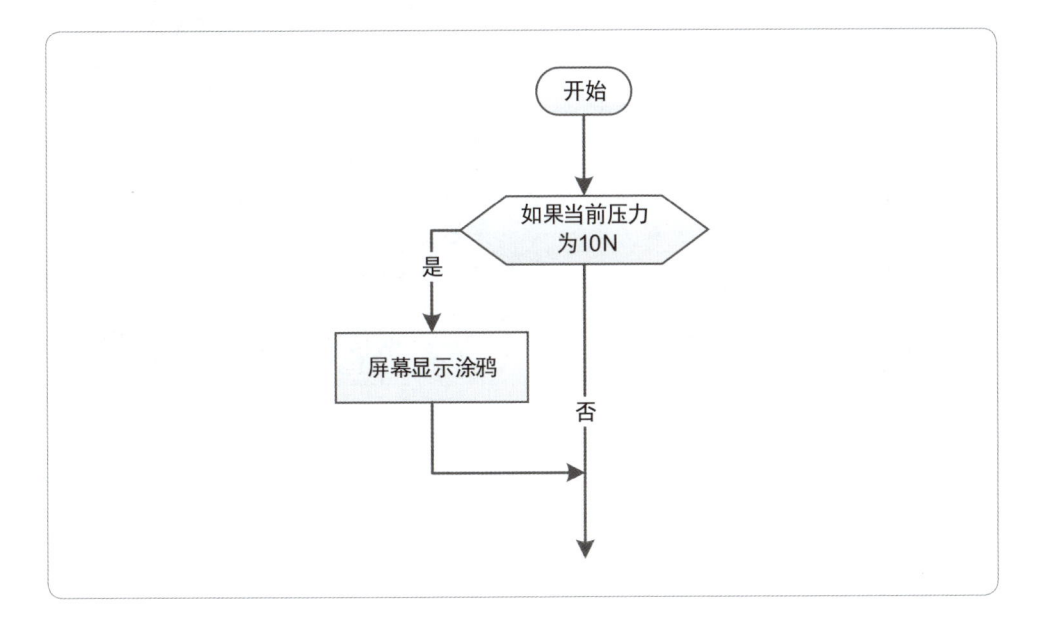

上面的程序表示：当压力传感器检测到当前的压力为 10N 时，屏幕就会显示涂鸦。

4.2.2　手势传感器编程模块

手势传感器编程模块可以在"感知"编程库中找到，如下图所示。

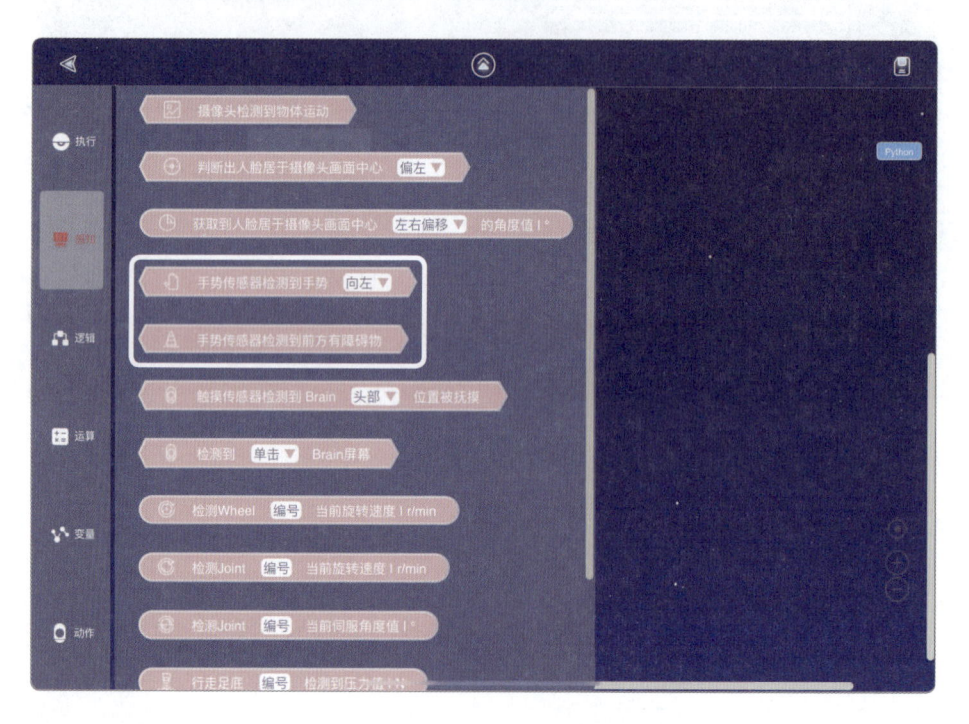

在上图中可以看到两个手势传感器编程模块，其中第 1 个手势传感器编程模块可以识别 8 种手势，如下图所示，分别是向左、向右、向上、向下、逆时针、顺时针、靠近、远离。单击模块中的"向左"图标可以选择手势，如下图所示。

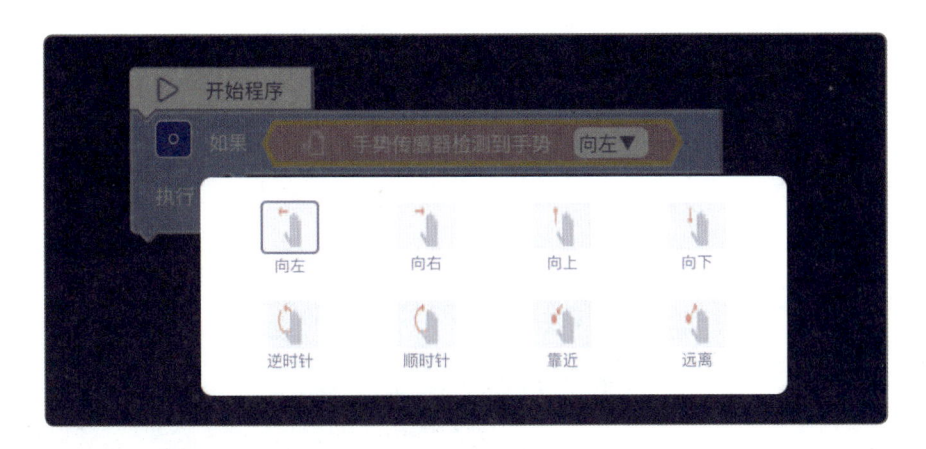

第4章 选择结构和传感器

手势传感器编程模块可以识别上图中的 8 种手势，如果想要实现"当手势传感器检测到向左的手势时，则机器人执行'好奇'的动作，否则执行'发呆'的动作"。可以先画出流程图，再通过图形化编程实现，如下图所示。

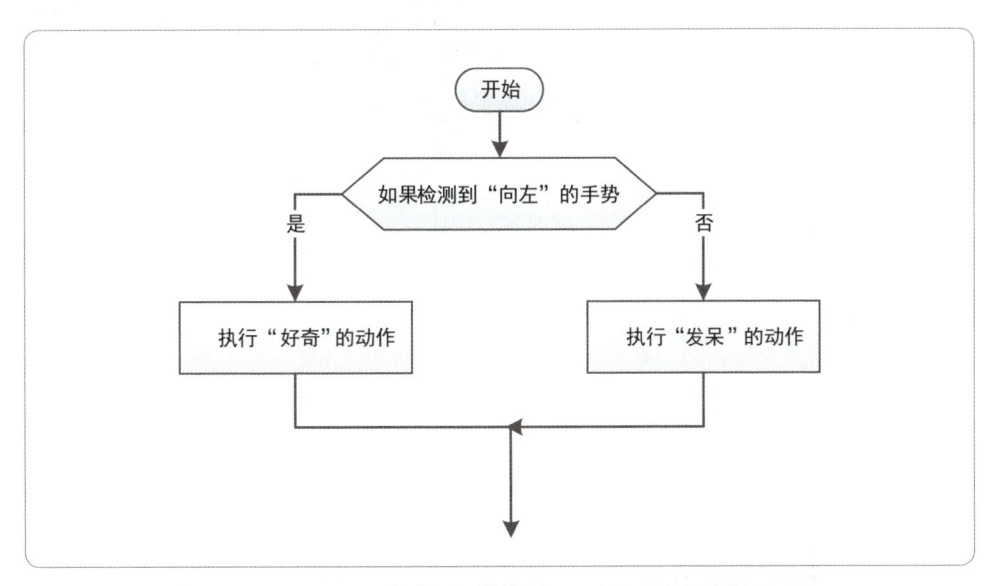

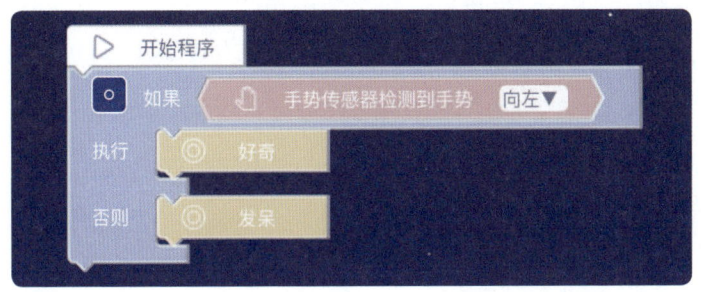

4.2.3　触摸传感器编程模块

触摸传感器编程模块可以在"感知"编程库中找到，如下图所示。它有"两侧面"和"头部"两种参数可以选择，表示可以抚摸机器人 Brain 的两侧和头部位置。

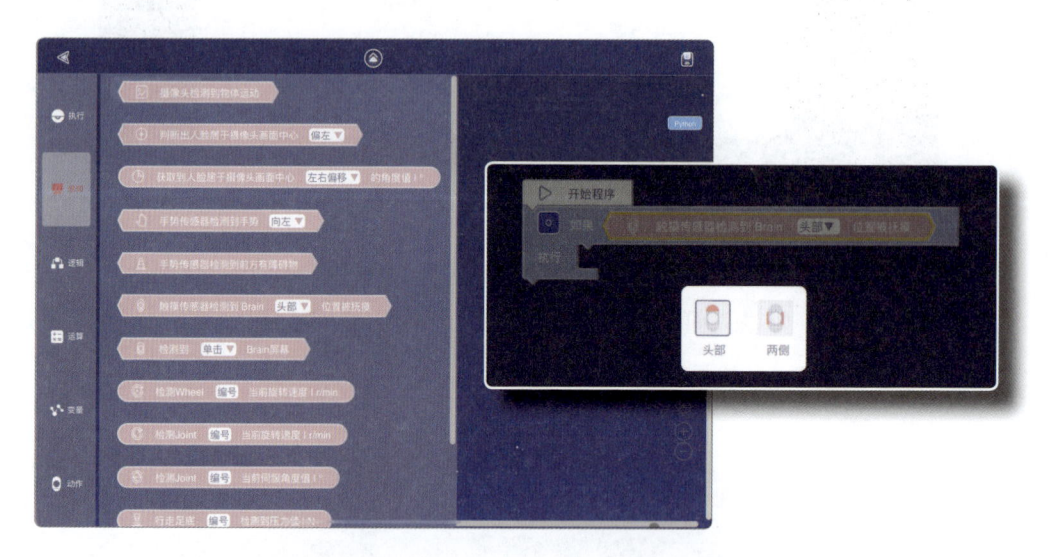

触摸传感器编程模块可以检测到机器人头部是否被抚摸。如果想要实现"当触摸传感器检测到机器人头部位置被抚摸时，则屏幕播放'开心'的表情"，可以先画出流程图，再通过图形化编程实现，如下图所示。

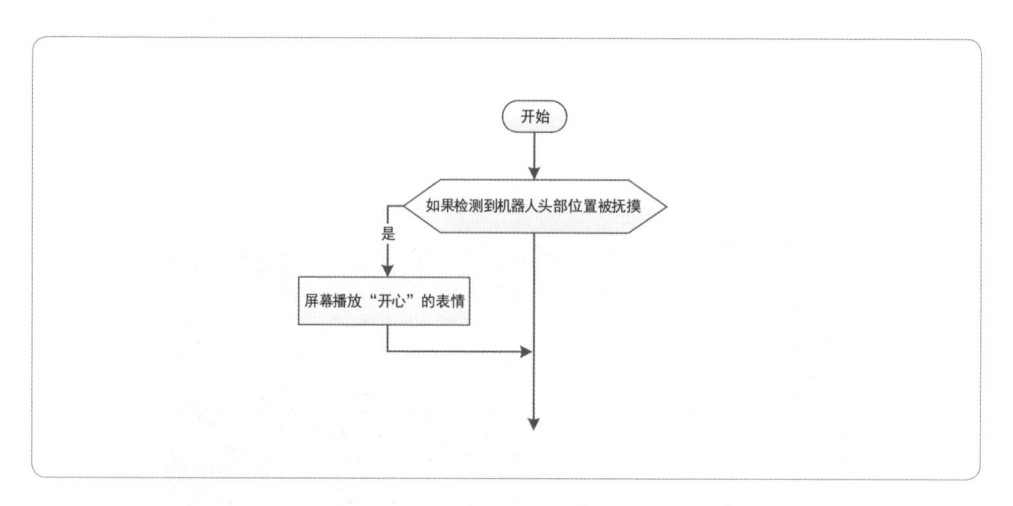

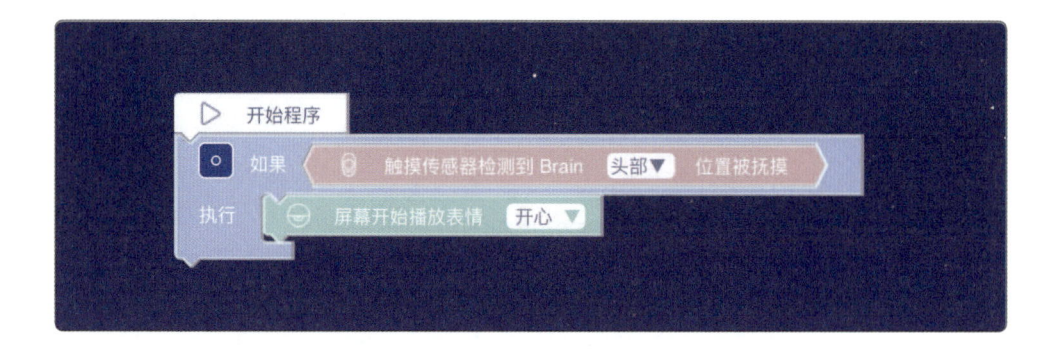

4.2.4 测距传感器编程模块

测距传感器编程模块可以在"感知"编程库中找到,如下图所示。可以检测当前传感器与障碍物之间的距离,单位为mm(毫米),最小检测距离为20mm,最大检测距离为2000mm(2m)。

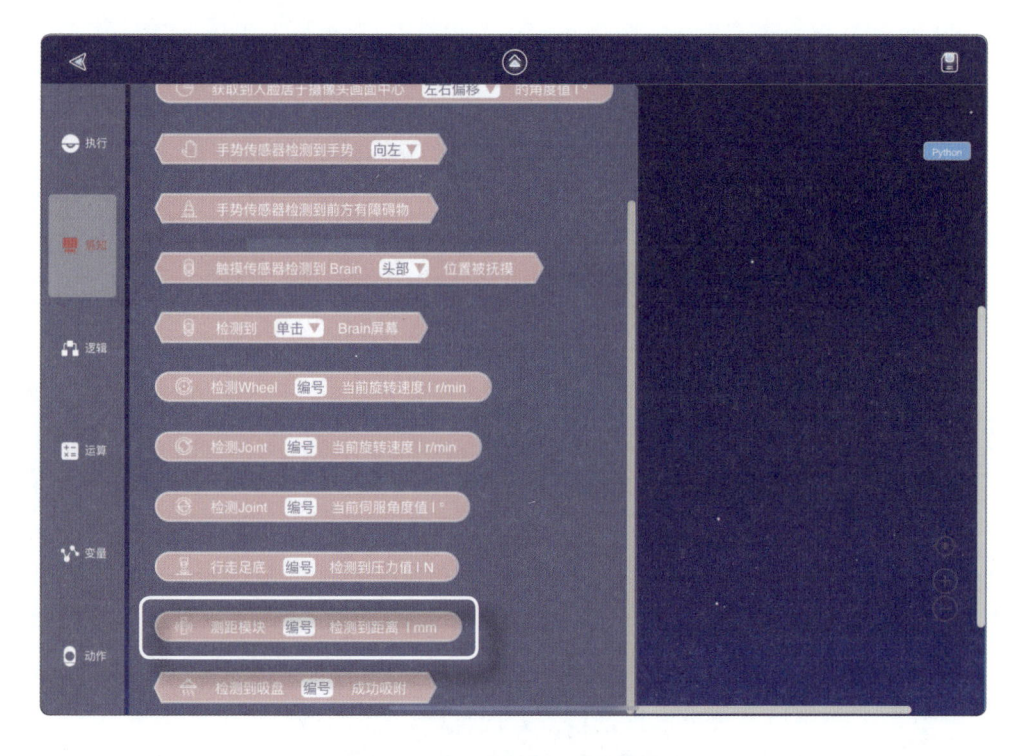

如果想要实现"当测距传感器检测到距离障碍物小于5cm时,则设置灯带颜色为红色",可以先画出流程图,再通过图形化编程实现,如下图所示。

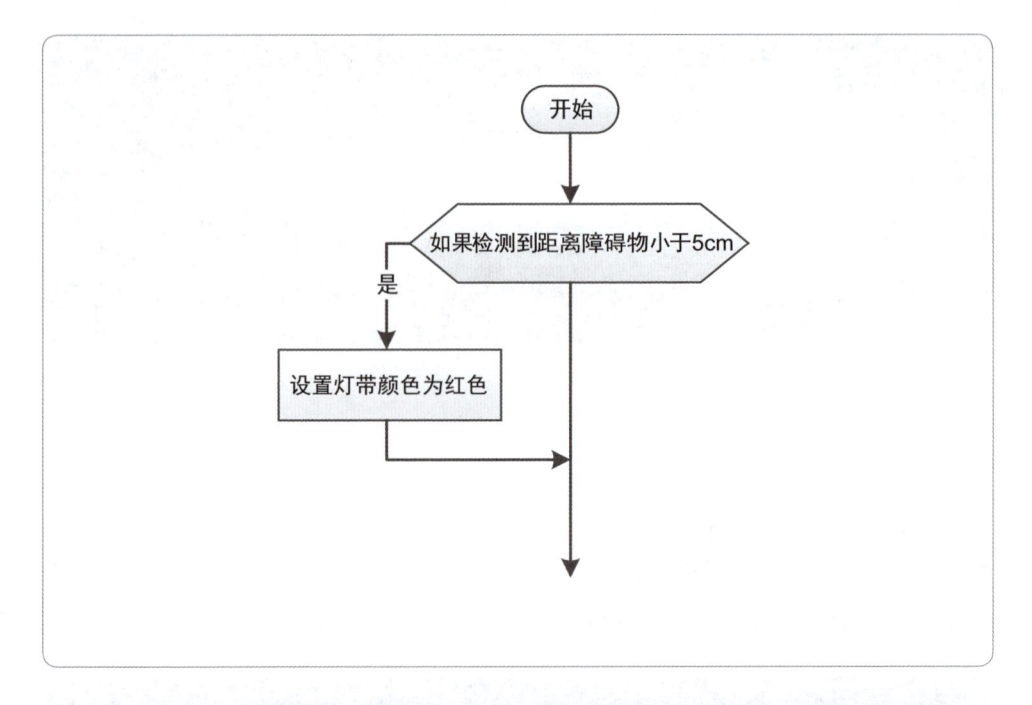

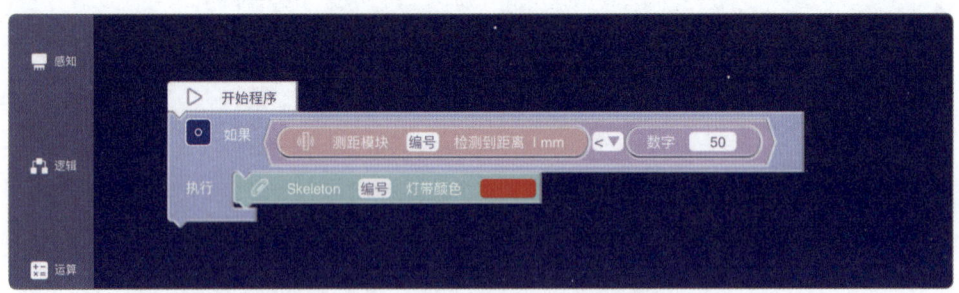

4.3 选择结构

4.3.1 选择结构介绍

选择结构表示程序处理需要根据某个特定的条件选择其中一个分支执行。选择结构可以分为单选择结构、双选择结构和多选择结构。

单选择结构流程图如下图所示。

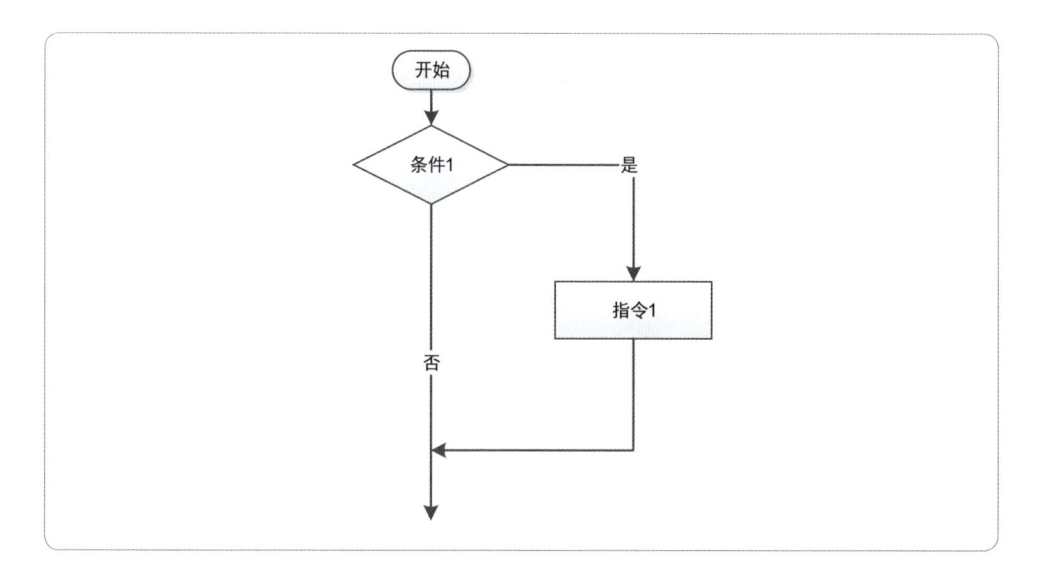

```
           开始
            │
            ▼
         ╱条件1╲──是──→ 指令1
         ╲    ╱              │
            │否              │
            ▼                │
            ←────────────────┘
```

单选择结构执行的逻辑是：程序开始，判断条件 1 是否成立；如果条件 1 成立，则执行指令 1，执行完毕后程序向下执行，否则程序直接向下执行。

4.3.2 选择结构的变形

一个完整的程序中可以有多个选择结构，4.3.1 小节介绍的是单选择结构。在程序中，单选择结构还可以变形为双选择结构和多选择结构。下面介绍双选择结构，流程图如下图所示。

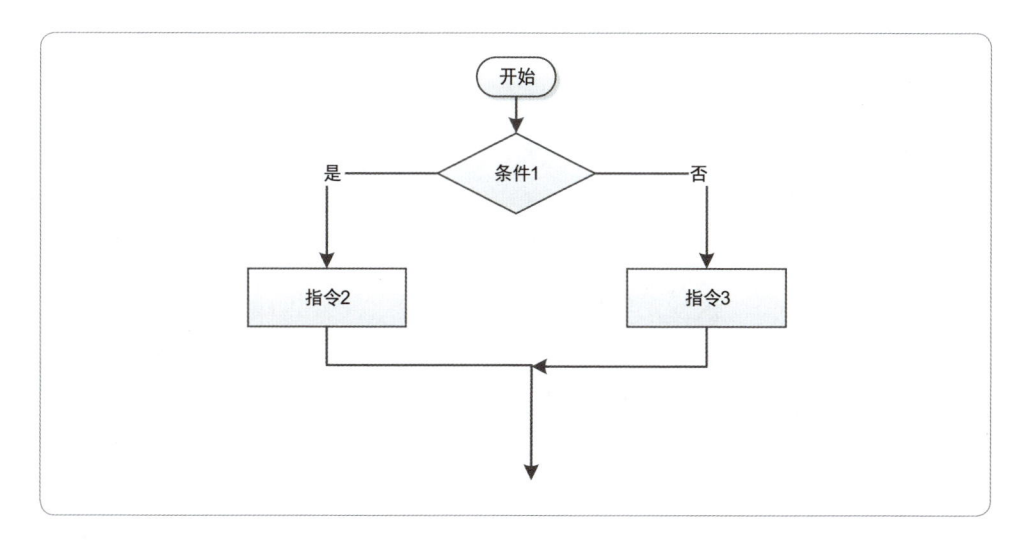

```
                开始
                 │
                 ▼
         是   ╱条件1╲   否
       ┌────╲    ╱────┐
       ▼        ▼        ▼
     指令2              指令3
       │                  │
       └────────┬─────────┘
                ▼
```

双选择结构执行的逻辑是：程序开始，判断条件 1 是否成立；如果条件 1 成立，则执行指令 2，执行完毕后程序向下执行；否则执行指令 3，指令 3 执行完毕后程序向下执行。

多选择结构流程图如下图所示。

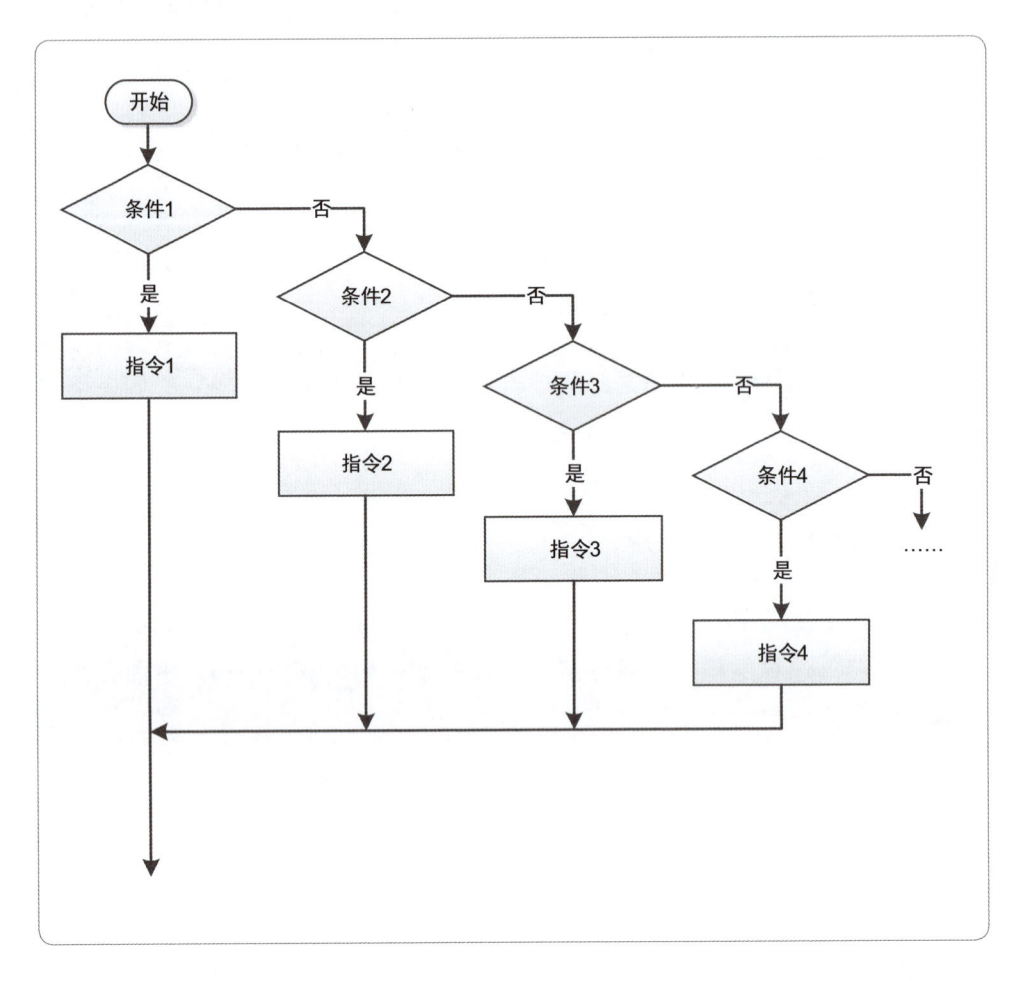

多选择结构执行的逻辑是：程序开始，判断条件 1 是否成立，如果条件 1 成立则执行指令 1，执行完毕后程序向下执行；否则判断条件 2 是否成立，如果条件 2 成立则执行指令 2，执行完毕后程序向下执行；否则判断条件 3 是否成立，如果条件 3 成立则执行指令 3，执行完毕后程序向下执行；以此类推。

4.4 关系运算符和逻辑运算符

4.4.1 关系运算符

在编程语言中,关系运算符是用来定义两个实体之间的某种关系的操作符。例如,5 == 5 或 4 >= 3。关系运算符有 6 种,分别为小于(<)、大于(>)、小于或等于(<=)、大于或等于(>=)、等于(==)、不等于(!=)。使用关系运算符创建表达式来形成所谓的"条件",如下图所示的程序中运用"=="来判断压力传感器是否检测到当前的压力为 10N。

在软件中的"运算"库中可以找到关系运算符编程模块,如下图所示。

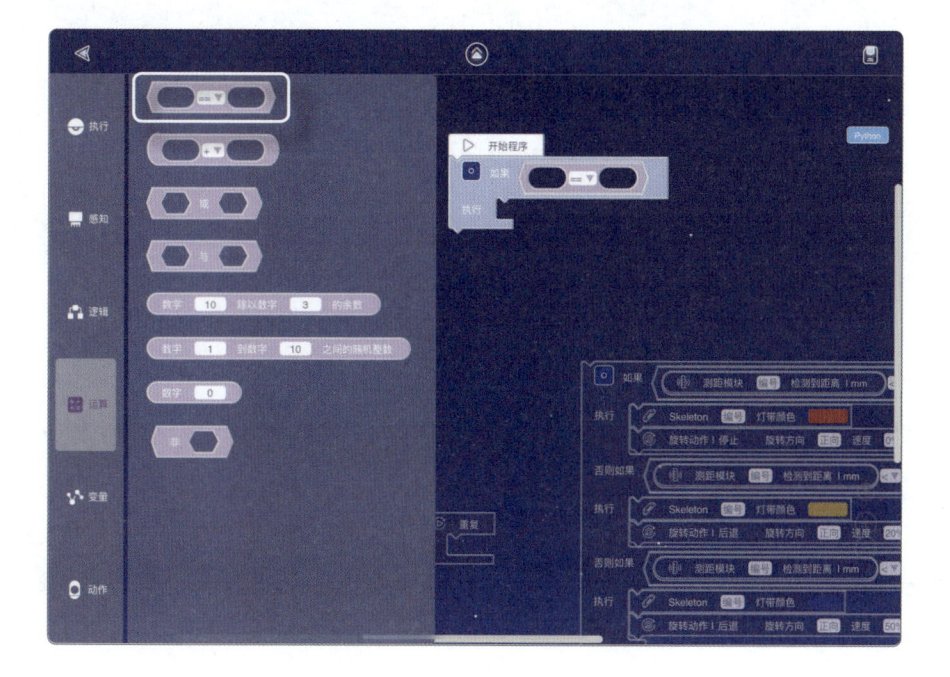

4.4.2 逻辑运算符

在编程语言中有一种逻辑运算符,即"与""或""非",在程序中它们也都使用单独的符号表示。以 C 语言为例,逻辑与的符号是" && ",逻辑或的符号是" || ",逻辑非的符号是" ! "。

在图形化编程中,逻辑运算符一般直接使用"与""或""非"的汉字形式来表示,如下图所示。

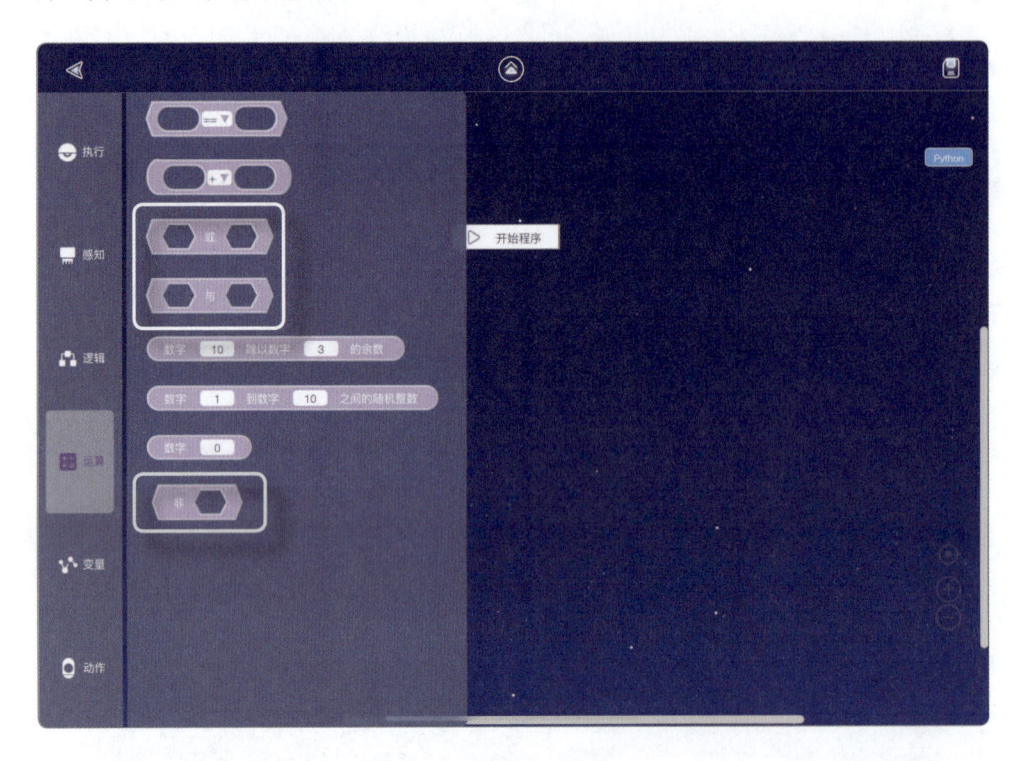

"与""或""非"3 种逻辑运算符在编程中一般用来作为条件使用,用法实例如下图所示。

如上图所示，前方将逻辑与左侧的"触摸传感器检测到 Brain 头部位置被抚摸"称为表达式 a，逻辑与右侧的"手势传感器检测到前方有障碍物"称为表达式 b；那么上图中程序执行的逻辑有 3 种情况，分别为：①程序开始，判断表达式 a 是否成立，如果表达式 a 不成立，则跳过选择结构程序向下执行；②程序开始，如果表达式 a 成立，表达式 b 不成立，则跳过选择结构程序向下执行；③程序开始，判断表达式 a 和表达式 b 是否都成立，如果都成立，则执行"屏幕开始播放表情开心直到结束"。

如上图所示，将逻辑或左侧的"触摸传感器检测到 Brain 头部位置被抚摸"称为表达式 a，右侧的"手势传感器检测到前方有障碍物"称为表达式 b；那么上图中程序执行的逻辑有 3 种情况，分别为：①程序开始，判断表达式 a 是否成立，如果表达式 a 不成立则继续判断表达式 b 是否成立，如果表达式 a 和表达式 b 都不成立，则跳过选择结构程序向下执行。②程序开始，如果表达式 a 成立，则跳过对表达式 b 的判断直接执行"屏幕开始播放表情开心直到结束"；③如果表达式 a 不成立，则对表达式 b 进行判断，如果表达式 b 成立，则执行"屏幕开始播放表情开心直到结束"。

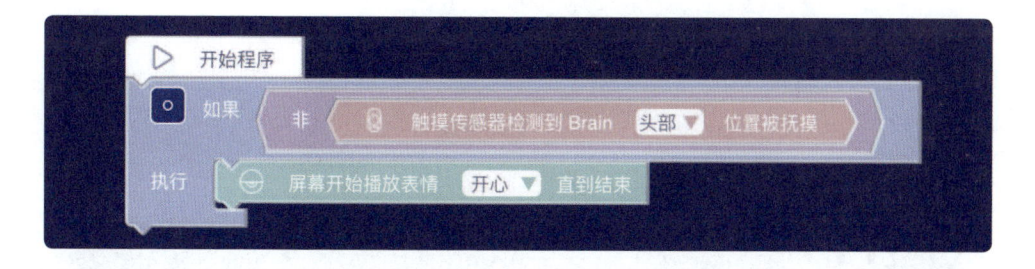

如上图所示，程序中设定了"触摸传感器检测到 Brain 头部位置被抚摸"的判断条件，使用逻辑非运算后程序执行的逻辑为：程序开始，检测 Brain 头部是否被抚摸，如果没有被抚摸，则执行"屏幕开始播放表情开心直到结束"；如果检测到 Brain 头部被抚摸，则直接跳过选择结构程序向下执行。

4.5 选择结构编程实例

4.5.1 "如果"模块实例

实现功能：如果测距传感器检测到距离障碍物小于5cm，则将灯带颜色变为红色。

在开始编程之前需要搭建一个自定义构型，如左图所示。测距传感器用来检测距离，Skeleton 灯带用来变换颜色，使用一个 Wheel 作为底座来保持构型稳定，实现结果如下图所示。

4.5.2 "如果…否则…"模块实例

实现功能：如果测距传感器检测到距离障碍物小于 5cm，则将灯带颜色变为红色，否则将灯带颜色变为白色，如下图所示。

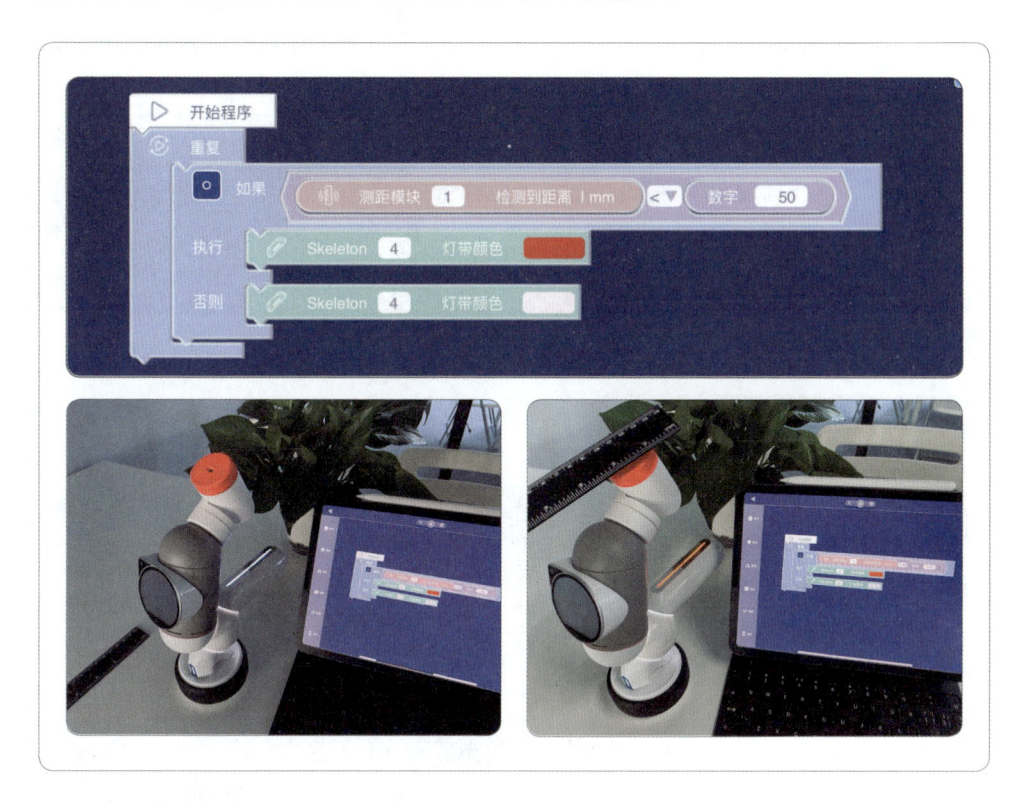

4.5.3 "否则如果…否则…"模块实例

实现功能：如果测距传感器检测到距离障碍物小于 5cm，则将灯带颜色变为红色；否则如果测距传感器检测到距离障碍物小于 10cm，则将灯带颜色变为绿色；否则将灯带颜色变为白色，如下图所示。

小于 5cm：红色

小于 10cm：绿色

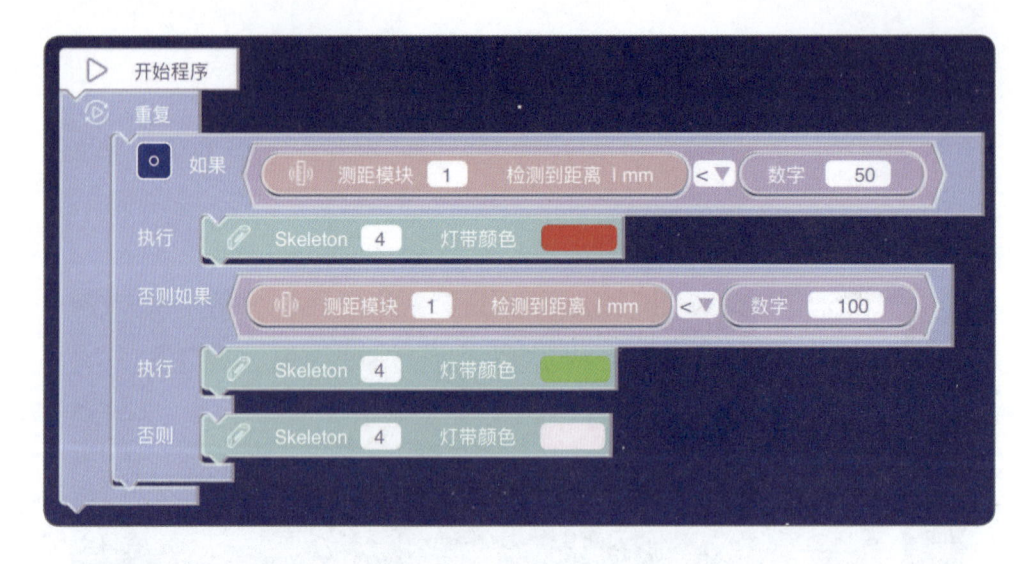

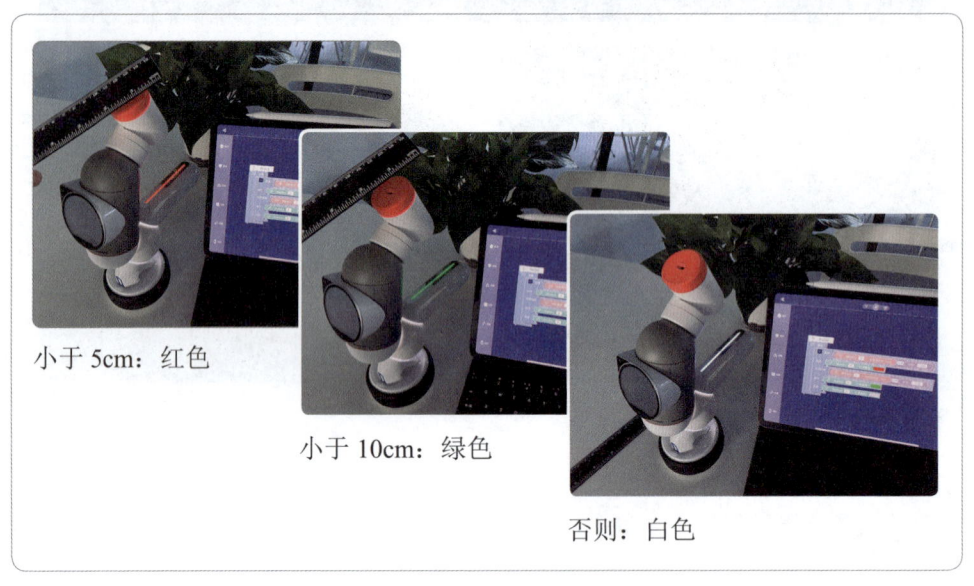

否则：白色

4.6 案例实践

4.6.1 任务描述

制作一辆避障小车（准备下图中的模块），要求小车可以完成前进、后退、左转、右转 4 个基本动作，并且通过编程实现小车在遇到障碍物时可以自动避开。

4.6.2 制作构型

1 个 Brain
（主脑）

4 个 Joint
（驱动球）

2 个 Wheel
（车轮）

1 个 Distance Sensor
（测距传感器）

未命名机器人
完成构型拼接后单击保存

4.6.3 图形化编程

在完成的小车顶部安装一个测距传感器,用来检测与障碍物的距离。通过任务描述,先使用"旋转动作"功能完成前进、后退、左转、右转的动作,如下图所示。

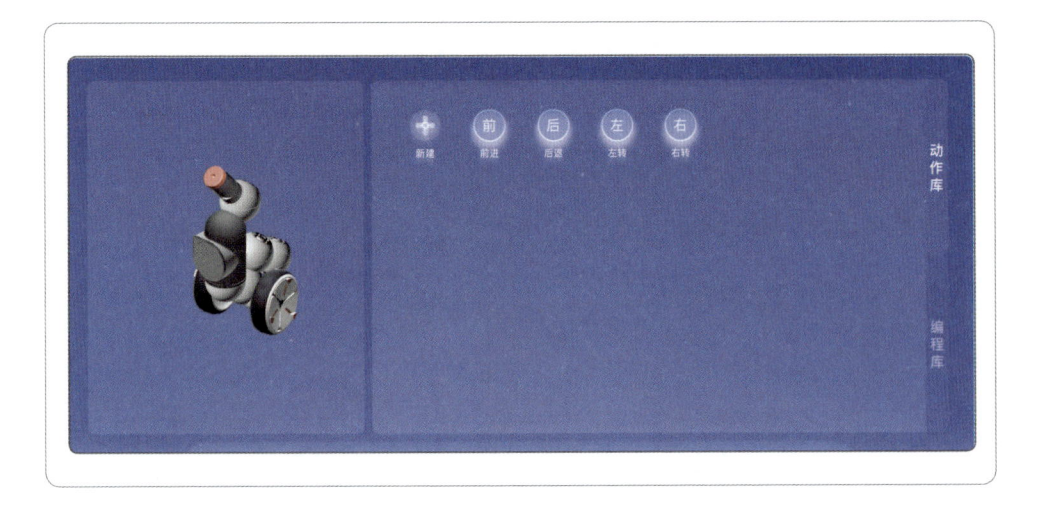

1. 任务分析

任务描述中要求，"小车可以完成前进、后退、左转、右转 4 个基本动作，并且在遇到障碍物时可以自动避开。"结合构型中使用到的测距传感器，可以将小车的 4 个动作对应到不同的距离条件下完成，分别对应以下情况。

情况 1：当检测到距离障碍物小于 15cm 时小车右转，同时屏幕向右偏移。

情况 2：否则小车一直保持前进的动作。

在小车保持前进姿态时还需要考虑到一种情况：如果突然有障碍物出现在小车前方（比如有人故意用手挡住小车）应该怎么办？

如果出现上文描述的情况，首先应该让小车停下，这样可以避免小车发生碰撞；然后后退一段距离，与障碍物拉开一定的距离，最后让小车向左转，避开这个障碍物。因此得出第 3 种情况。

情况 3：当检测到距离障碍物小于 5cm 时小车停止前进（同时让屏幕晃动，表示紧急刹车），然后让小车后退，最后让小车向左转。

2. 流程图

根据任务分析中的 3 种情况画出流程图，如下图所示。

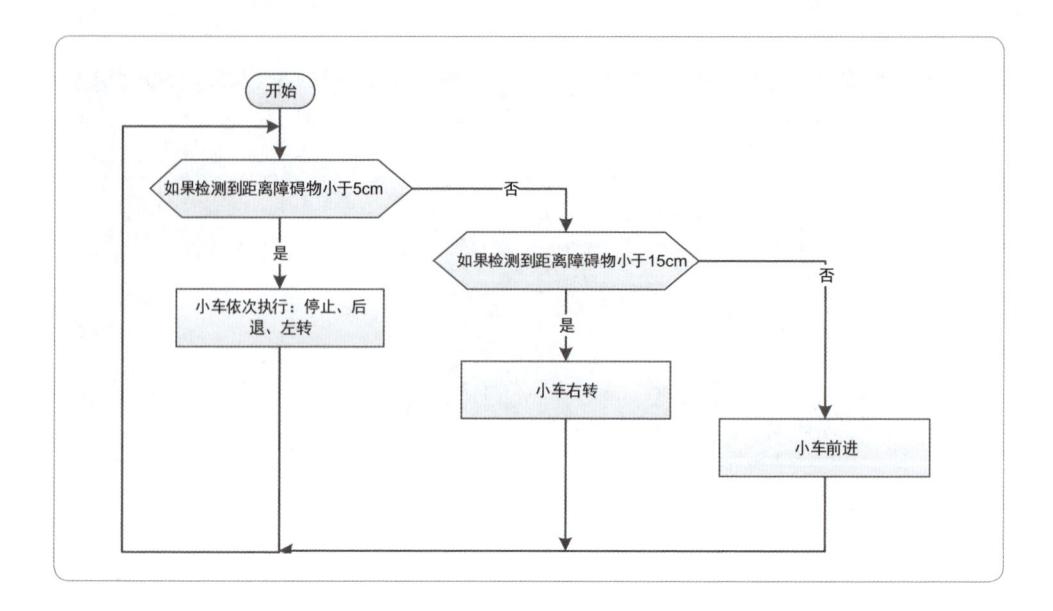

3. 图形化编程

完成图形化编程，如下图所示。

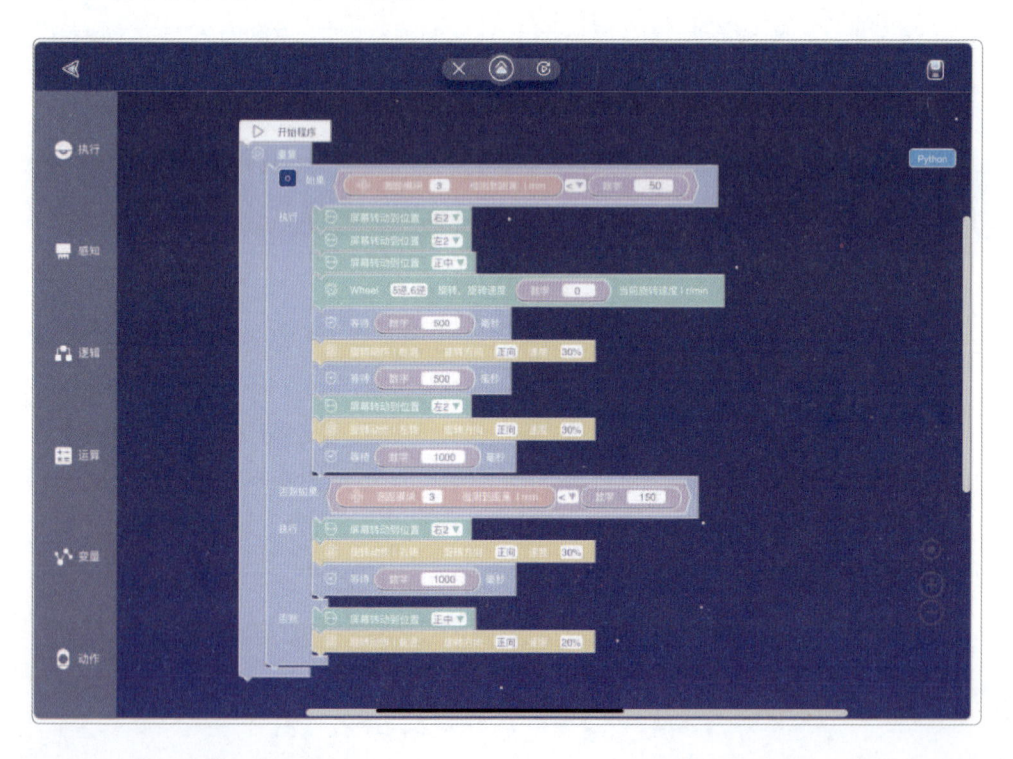

第5章 变量

5.1 了解变量

5.1.1 变量的概念

变量是指在程序运行过程中，其值可以发生改变的量。变量是存储在内存中的值。这就意味着在创建变量时会在内存中开辟一个空间。基于变量的数据类型，解释器会分配指定内存，并决定什么类型的数据可以被存储在内存中。因此，变量可以指定不同的数据类型，这些变量可以存储整数、小数或字符。

Python 中的变量赋值不需要类型声明。每个变量在内存中创建，都包括变量的标识、名称和数据等信息。每个变量在使用前都必须赋值，变量赋值以后该变量才会被创建。等号（=）是用来给变量赋值的。等号（=）运算符左边是一个变量名，等号（=）运算符右边是存储在变量中的值。例如：

counter=100

a=10.1

Python 允许同时为多个变量赋值。例如：

a = b = c = 1

上述实例表示，创建一个整型对象，其值都为 1，3 个变量被分配到相同的内存中。

也可以为多个对象指定多个变量。例如：

a, b, c = 1, 2, "john"

上述实例表示，两个整型数据 1 和 2 分别分配给变量 a 和变量 b，字符串 "john" 分配给变量 c。

变量的名称可以由字母、数字和下画线组成，第一个字符必须是字母或下画线，不可以是数字。也就是说一个变量的名称可以是 a1，也可以是 _a，但是不可以是 1a。每个变量的名字可以作为识别该变量的标识符；变量的值是可以随时变化的；变量的存储单元确定了变量值的范围。

5.1.2　变量的类型

在内存中存储的数据可以有多种类型。Python 定义了一些标准类型，用于存储各种类型的数据。Python 有 5 种标准的数据类型：Numbers（数字）、String（字符串）、List（列表）、Tuple（元组）、Dictionary（字典）。数字数据类型用于存储数值，它们是不可改变的数据类型，这意味着改变数字数据类型会分配一个新的对象。

Python 支持 4 种不同的数字类型：int（有符号整型）、long（长整型）、float（浮点型）、complex（复数）。

例如：

counter = 100 　　# 赋值整型变量

miles = 1000.0 　　# 赋值浮点型变量

name = "Joyce" 　　# 赋值字符串型变量

print counter

print miles

print name

在上面实例中，赋值了 3 个变量，它们的类型分别为整型、浮点型和字符串型，然后将数值输出。执行上面程序后输出结果如下：

100

100.0

Joyce

在后文中,我们将使用变量解决程序中的实际问题。

5.2 使用变量

5.2.1 变量模块

1. 添加和编辑变量

打开图形化编程界面中"变量"标题,使用已有模块添加变量和编辑变量,如下图所示。

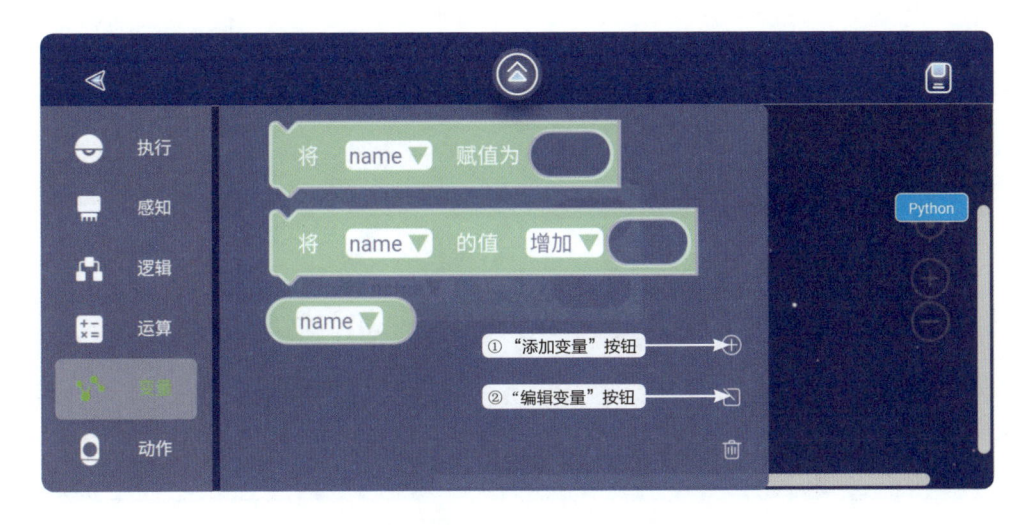

"添加变量"按钮:单击 ⊕ 按钮,在弹出的"变量"对话框中对变量进行添加和命名,如下图所示。

将变量名命名为"a"，确定后会看到变量 a 模块，如下图所示。

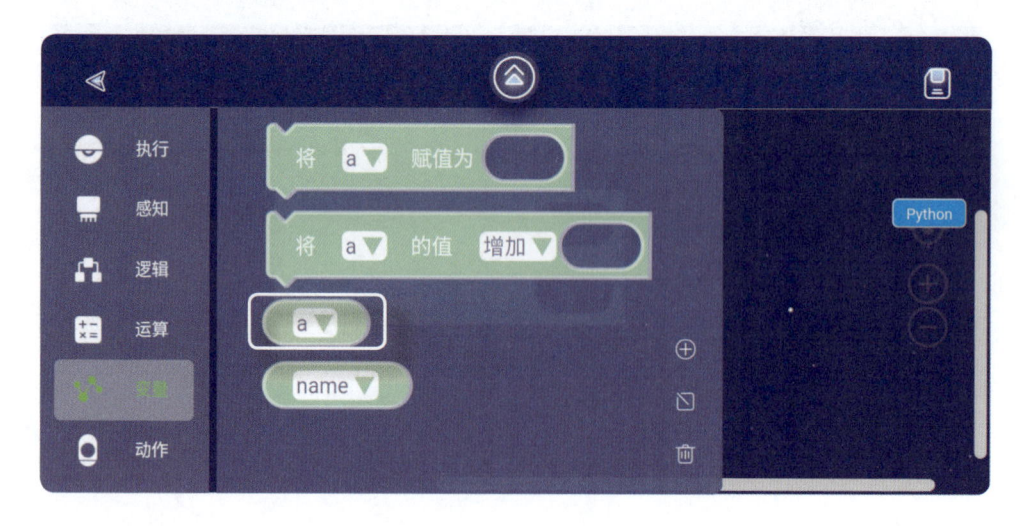

"编辑变量"按钮：可以改变变量的名字。单击▣按钮，变量前面会出现要编辑的变量。单击需要编辑的变量前的对钩（见下图），会弹出一个"变量"对话框，在该对话框中输入变量的新名字，单击"确定"按钮。

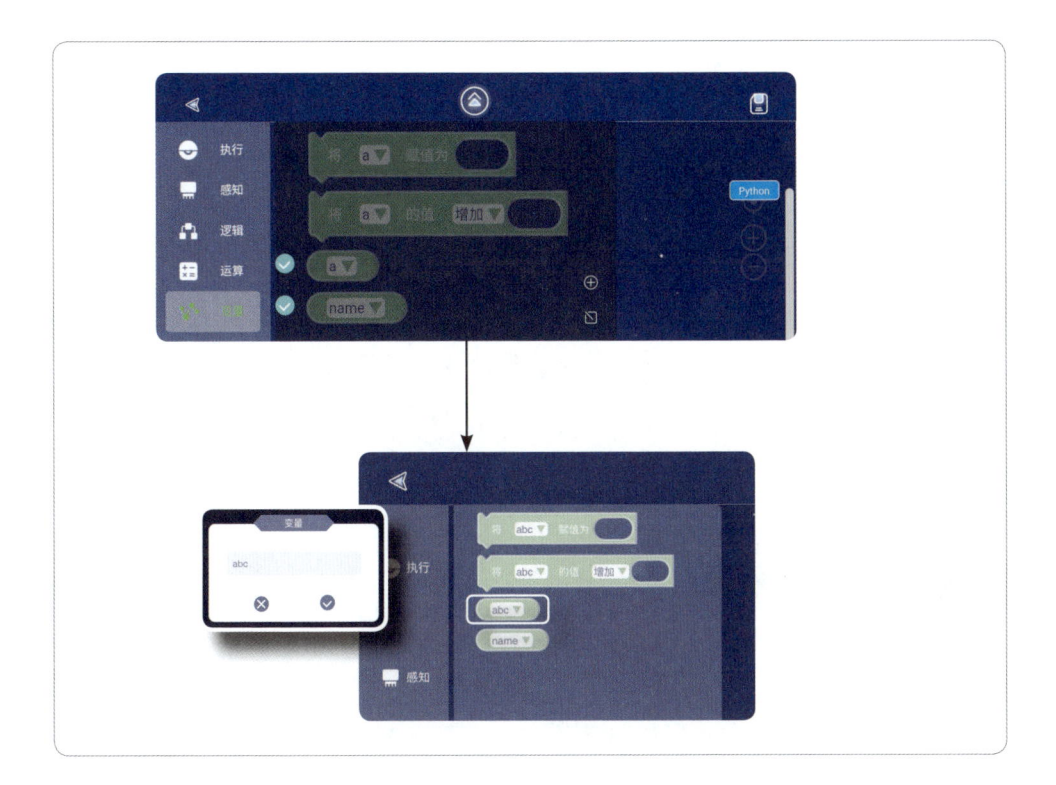

2. 变量相关模块

（1）变量赋值模块。

名称：变量赋值模块。

位置："变量"标题下。

功能：变量的赋值，需要结合"变量模块""数字模块""算术运算模块"使用。

需要注意的是，给变量赋值需要使用"变量赋值模块"，不可以使用"关系运算模块"中的"="。

(2）变量加减模块。

名称：变量加减模块。

位置："变量"标题下。

功能：变量数值的增加和减少；结合"算术运算模块"使用。

(3）变量模块。

名称：变量模块。

位置："变量"标题下。

功能：需要结合"变量赋值模块""变量加减模块"使用，可用于变量的赋值及变量的数值判断。

需要注意的是，"变量模块"中的变量名称，要对应定义时变量的名称。

5.2.2　变量的运算

除了赋值，变量还可以通过算术运算改变数值大小。常用的算术运算符有+（加）、-（减）、*（乘）、/（除）、%（余）。

```
a = 21
b = 10
c = 5
c = a-b     # 此时变量 c 的值为 11
a=a+b       # 此时变量 a 的值为 31
b=a+b       # 此时变量 b 的值为 41
```

#此时变量c的值为1,即41除以31,因为变量c是整型变量,所以只保留整数部分

c=b/a

#此时变量c的值为10,%(取余)符号的运算方法是除法运算的余数,如41除以31商1余10

c=b%a

提示:变量的运算方法和数学中的算术运算方法相同,变量运算是将运算符后面的计算结果赋值给前面的变量。

算术运算模块

位置:"运算"标题下。

作用:可以进行+(加)、-(减)、*(乘)、/(除)、%(余)运算,如上图所示,一般与"变量赋值模块"配合使用,完成变量的运算。

例如:将变量a的值扩大到3倍;代码为"a=a*3"。

5.3 变量编程实例

5.3.1 实例1 计数变量

计数变量是指在程序中,变量作为计数工具被定义和使用。一般定义变

量时，初值为 0；在后面的程序中，满足什么情况就计数一次，也就是说对变量进行 +1 运算，比如 a=a+1。下面通过程序介绍计数变量的应用。

场景说明：将 Brain 放在 Mount 上，做一个简易的机器人，单击屏幕即计数一次且 Joint 转动 1°。

材料清单

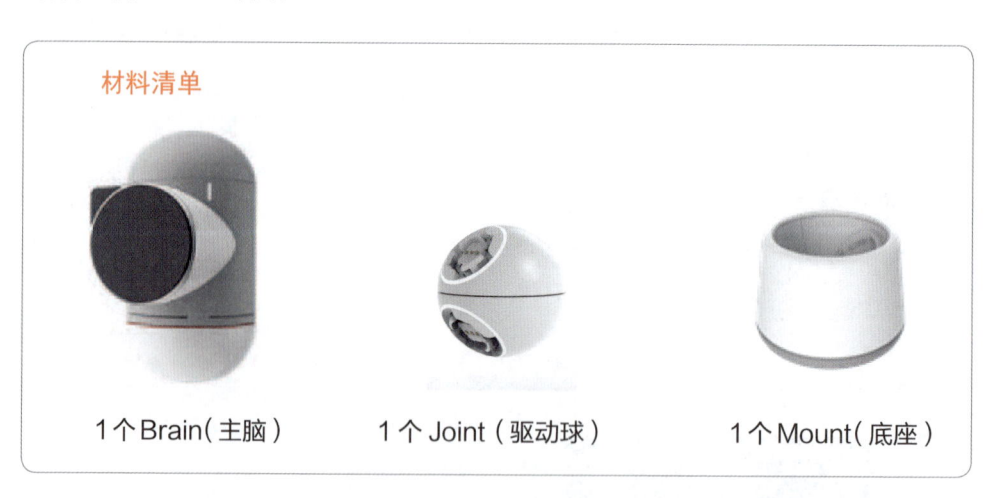

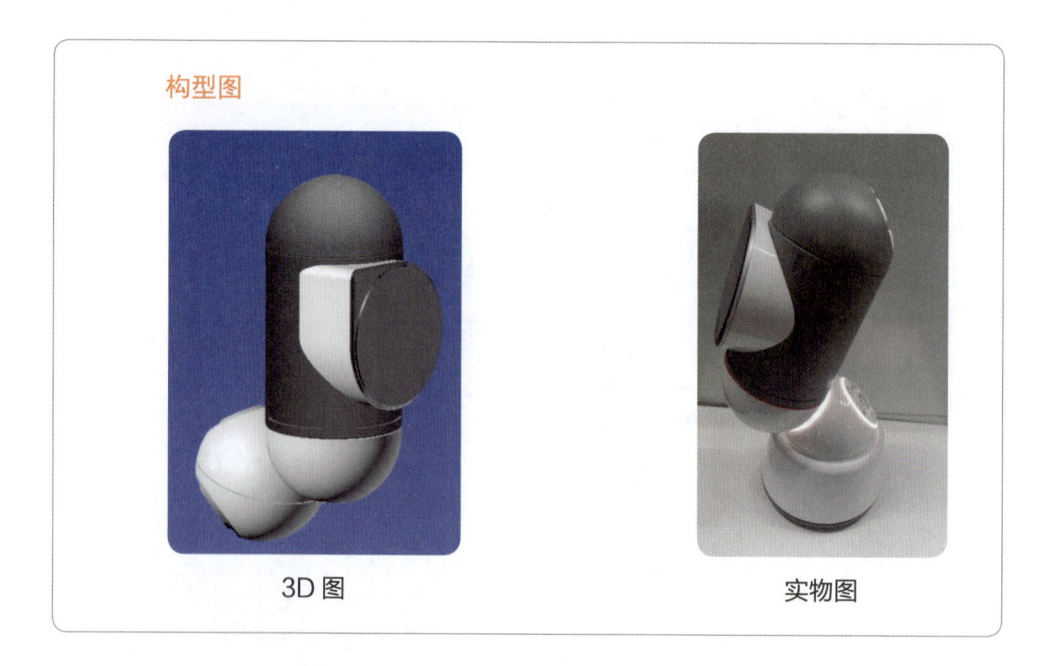

1 个 Brain（主脑）　　　1 个 Joint（驱动球）　　　1 个 Mount（底座）

构型图

3D 图　　　实物图

第5章 变量

流程图

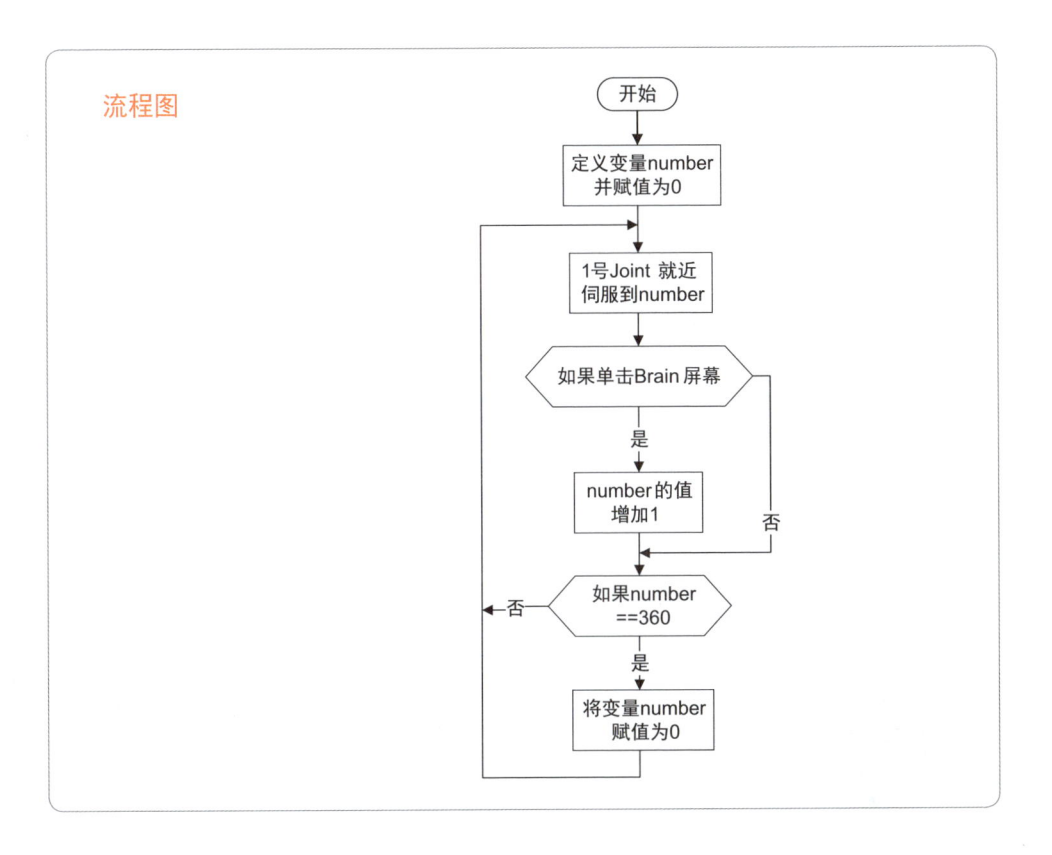

```
          开始
           ↓
     定义变量number
     并赋值为0
           ↓
    ┌─────→│
    │      ↓
    │  1号Joint 就近
    │  伺服到number
    │      ↓
    │  如果单击Brain屏幕 ──否──┐
    │      │是                │
    │  number的值              │
    │  增加1                   │
    │      ↓←─────────────────┘
    否── 如果number
         ==360
           │是
           ↓
    将变量number
    赋值为0
```

实例程序

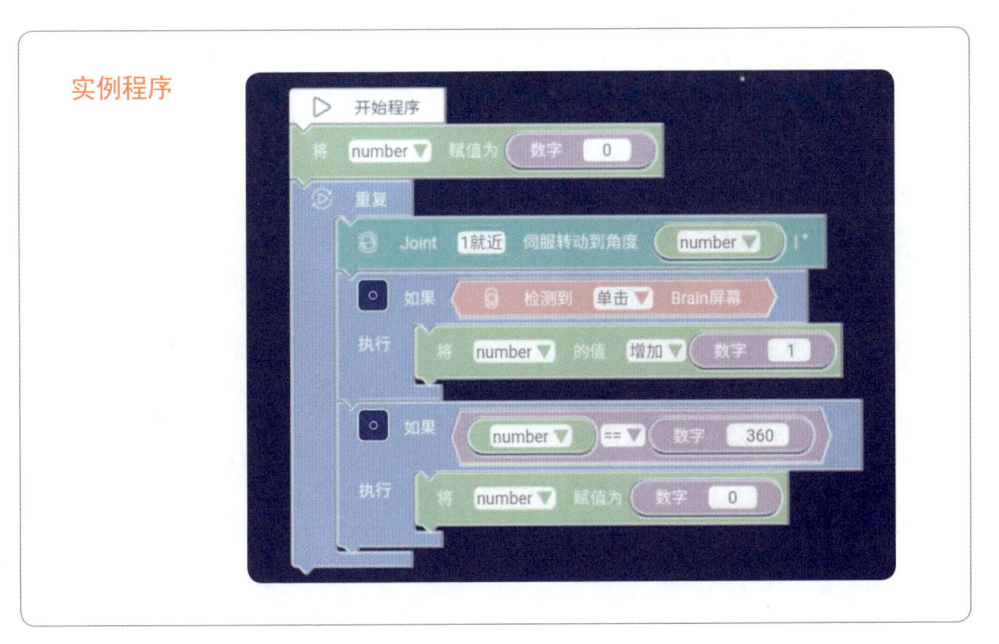

执行程序，单击 Brain 屏幕，Joint 旋转 1°，单击 Brain 屏幕的次数就是 Joint 旋转的角度。

5.3.2 实例 2 状态变量

状态变量是指在程序中，变量表示某个物体或事件的几种状态。例如，门有开和关两种状态，灯有开和关两种状态；又如，小狗有坐着、趴着、站着等几种姿态。我们通过程序介绍如何使用变量表示状态。

场景说明：使用红外激光传感器作为控制信号，每感受到一次信号，小海豹改变一种姿态。

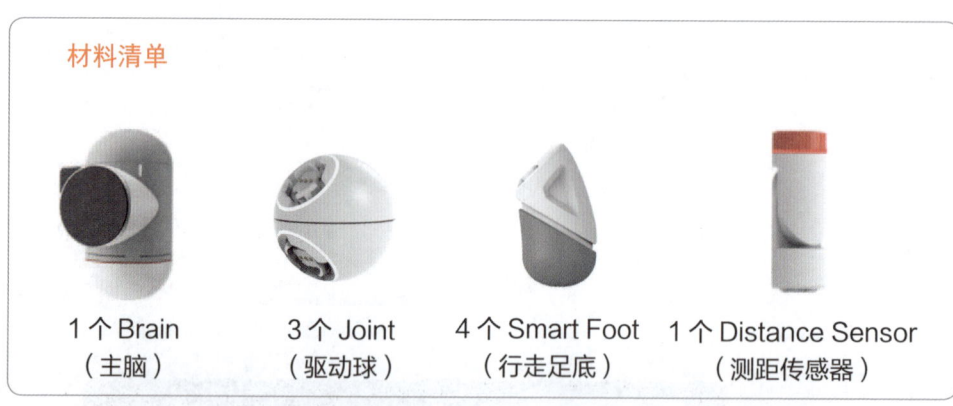

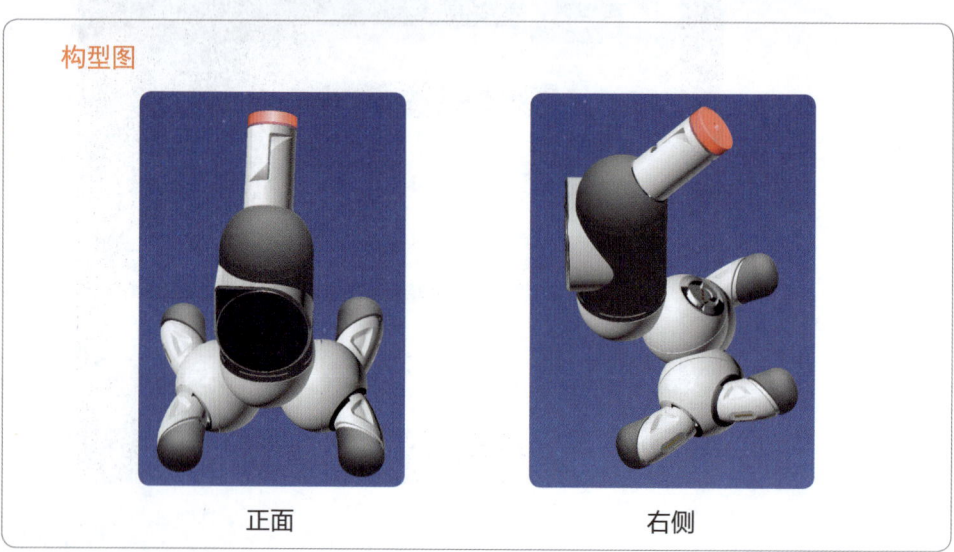

材料清单

1 个 Brain（主脑）　　3 个 Joint（驱动球）　　4 个 Smart Foot（行走足底）　　1 个 Distance Sensor（测距传感器）

构型图

正面　　右侧

流程图

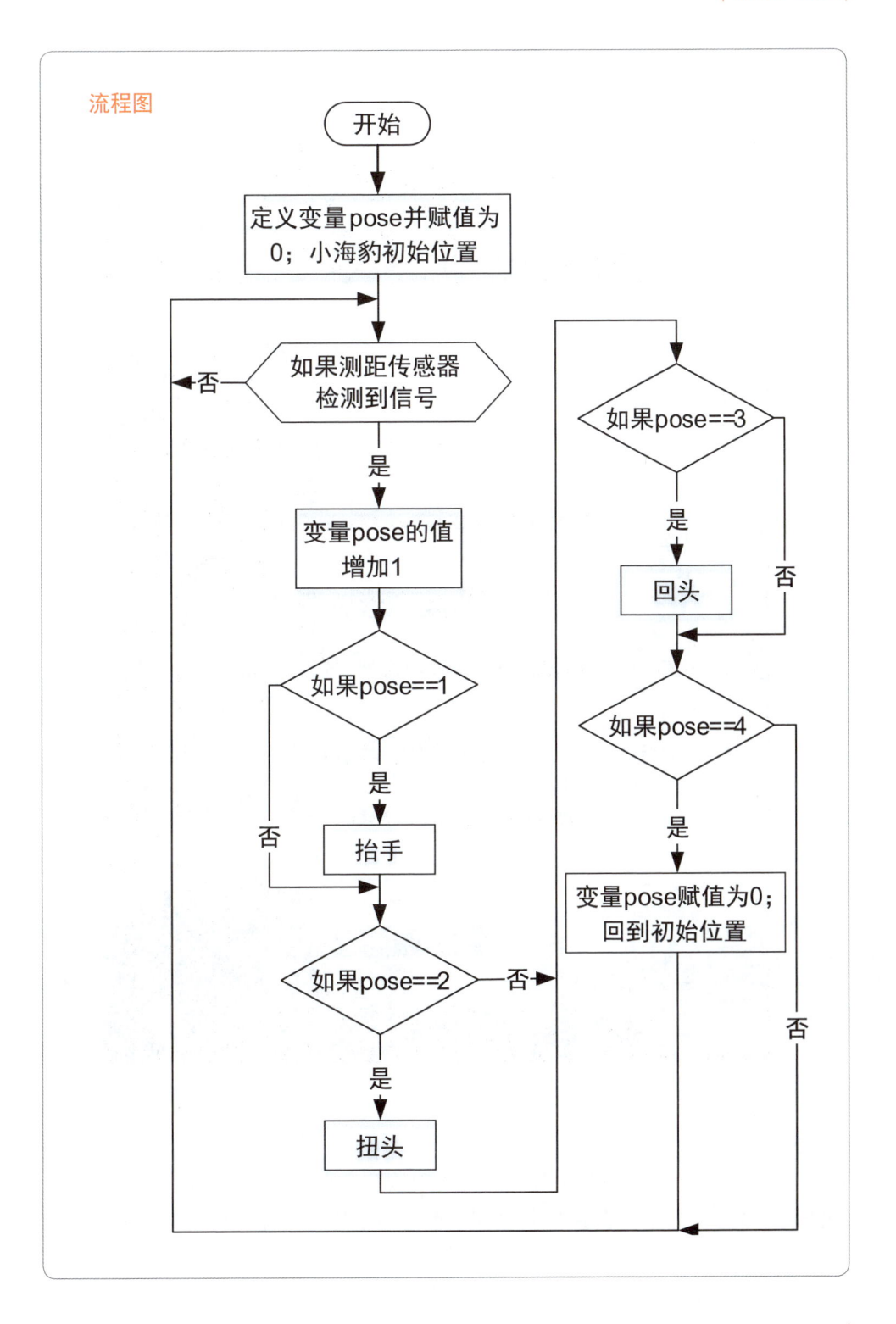

开始
↓
定义变量pose并赋值为0；小海豹初始位置
↓
如果测距传感器检测到信号 — 否 → (返回上一步)
↓ 是
变量pose的值增加1
↓
如果pose==1 — 否 →
↓ 是
抬手
↓
如果pose==2 — 否 →
↓ 是
扭头
↓
如果pose==3 — 否 →
↓ 是
回头
↓
如果pose==4 — 否 →
↓ 是
变量pose赋值为0；回到初始位置

实例程序

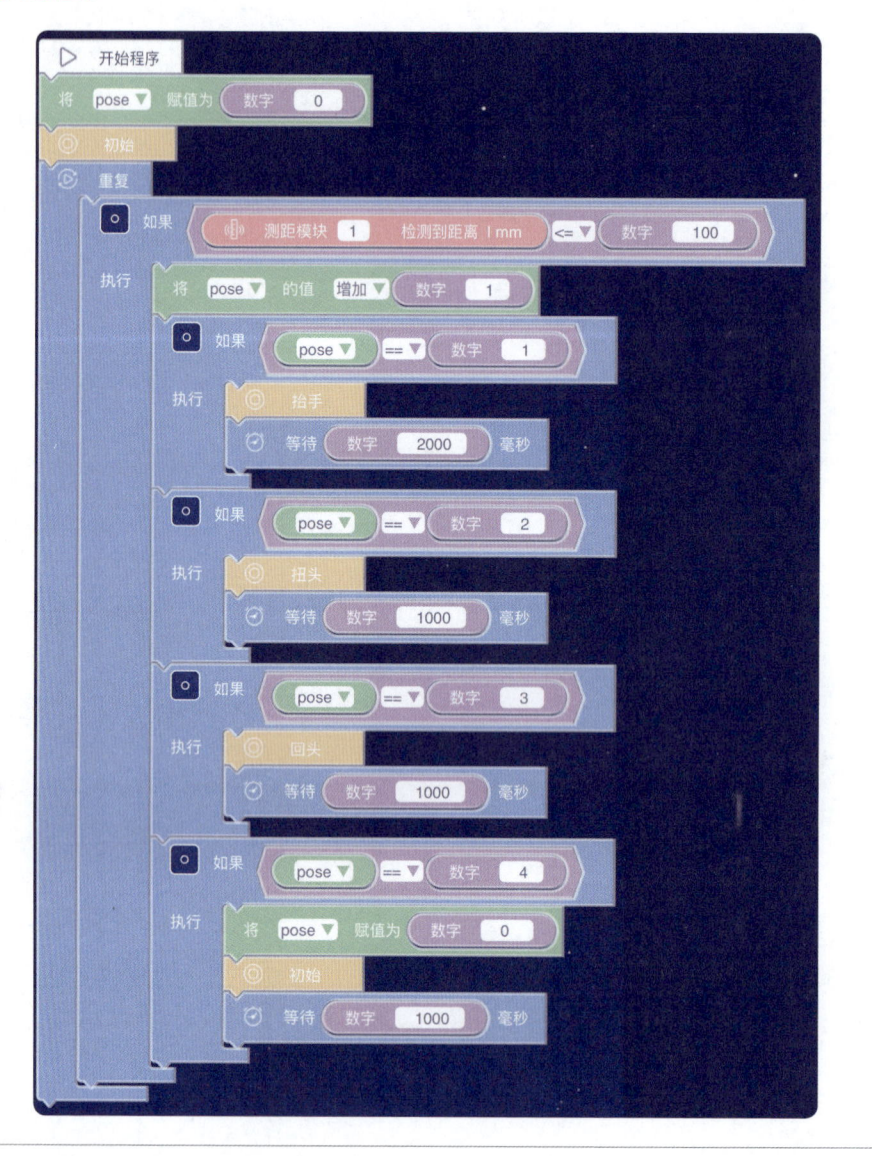

在上面程序中,我们使用了变量记录小海豹的状态,变量的 4 个值对应着小海豹的 4 个动作。执行程序,小海豹会在初始位置,遮挡测距传感器,小海豹会抬手;再次遮挡测距传感器,小海豹会扭头;再次遮挡测距传感器,小海豹会回头;再次遮挡测距传感器,小海豹回到初始位置,以此类推。

5.3.3 变量实例 3

变量的用法千变万化,只要有变化的物理量、变化的状态、变化的数值需要,都可以使用变量。下面使用变量作为车轮的速度。

场景说明:使用红外激光传感器作为控制信号,每感受到一次信号,小车的速度增加 20 圈 / 分。

材料清单

1 个 Brain
(主脑)

3 个 Joint
(驱动球)

4 个 Wheel
(车轮)

1 个 Distance Sensor
(测距传感器)

构型图

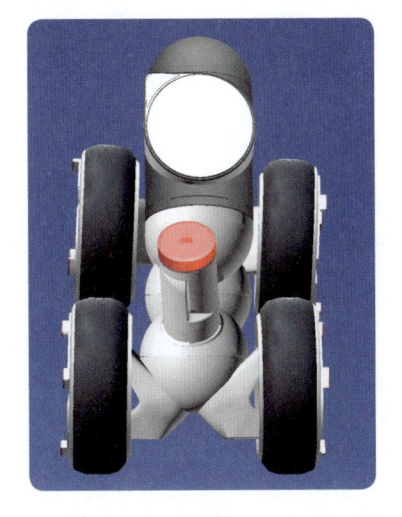

正面

左侧

流程图

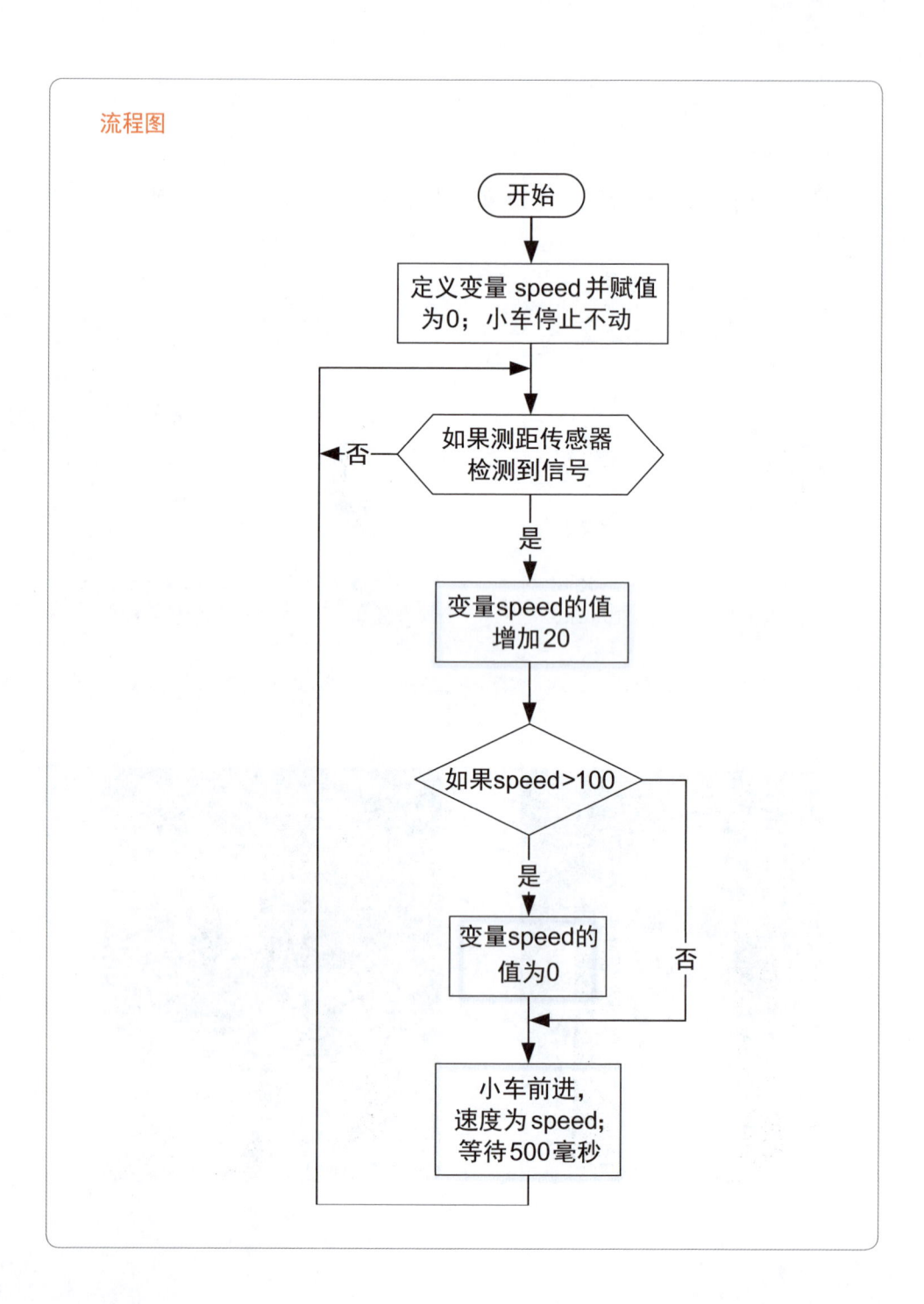

```
                    ┌──────┐
                    │ 开始 │
                    └──┬───┘
                       ↓
            ┌──────────────────────┐
            │ 定义变量 speed 并赋值 │
            │   为0；小车停止不动   │
            └──────────┬───────────┘
                       ↓
      ┌──────────────────────────────┐
      │            ┌─────────────┐   │
      │            │ 如果测距传感器│   │
      └──否────────│  检测到信号  │   │
                   └──────┬──────┘   │
                          │是        │
                          ↓          │
                ┌──────────────┐     │
                │ 变量speed的值 │     │
                │   增加20     │     │
                └──────┬───────┘     │
                       ↓             │
                ┌─────────────┐      │
                │ 如果speed>100│──否──┤
                └──────┬──────┘      │
                       │是           │
                       ↓             │
                ┌─────────────┐      │
                │  变量speed的 │      │
                │    值为0    │      │
                └──────┬──────┘      │
                       ↓             │
                ┌─────────────┐      │
                │  小车前进，  │      │
                │ 速度为speed；│──────┘
                │ 等待500毫秒  │
                └─────────────┘
```

实例程序

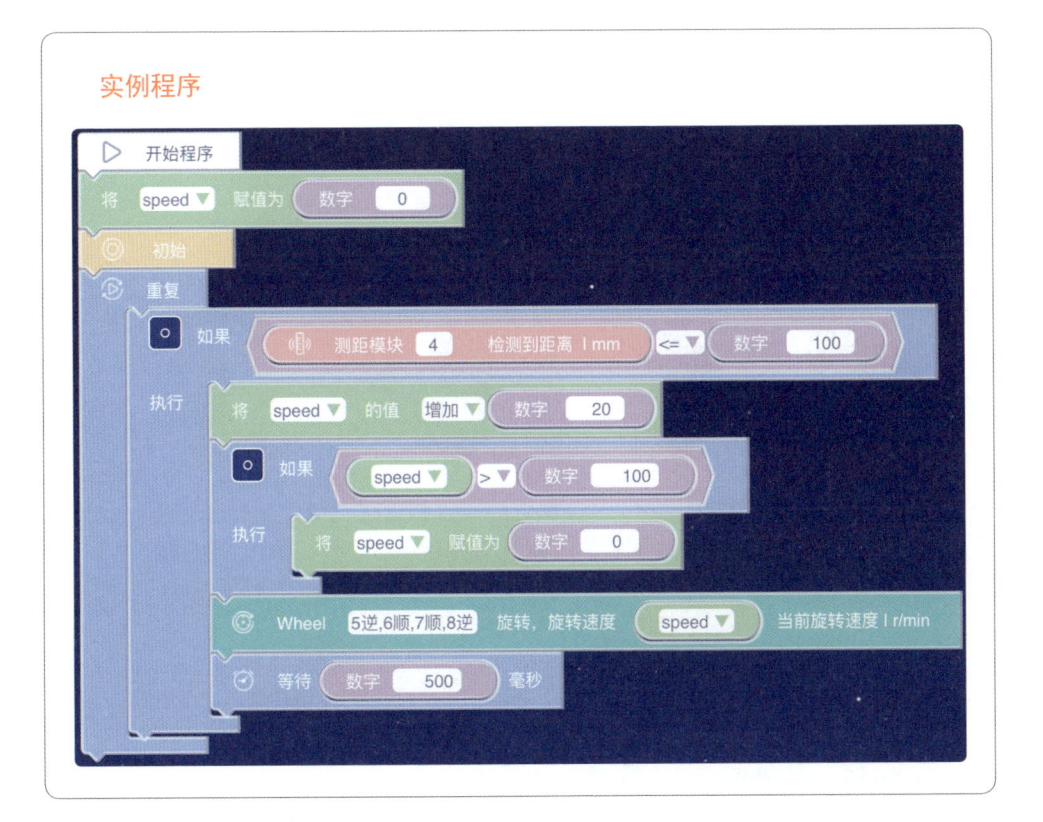

```
开始程序
将 speed 赋值为 数字 0
初始
重复
    如果 测距模块 4 检测到距离 I mm <= 数字 100
    执行 将 speed 的值 增加 数字 20
         如果 speed > 数字 100
         执行 将 speed 赋值为 数字 0
    Wheel 5逆,6顺,7顺,8逆 旋转,旋转速度 speed 当前旋转速度 I r/min
    等待 数字 500 毫秒
```

在上面程序中，我们使用了变量作为小车前进的速度。每次触发信号，小车前进速度增加 20。执行程序，小车会停止不动，遮挡测距传感器，小车的速度就会增加 20；到达最大速度后，再次遮挡测距传感器，小车速度变为 0，以此类推。

5.3.4　变量实例 4

场景说明：使用小狗构型，完成以下功能。

单击屏幕，开启小狗功能，可以开始动作，遮挡左边测距传感器，切换到上一个动作；遮挡右边测距传感器，切换到下一个动作。小狗一共有趴下、坐下、抬手、歪头 4 个动作。再次单击屏幕，关闭小狗功能，遮挡测距传感器无效。

机器人图形化编程：从0到1

材料清单

| 1个 Brain（主脑） | 8个 Joint（驱动球） | 4个 Smart Foot（行走足底） | 2个 Distance Sensor（测距传感器） |

构型图

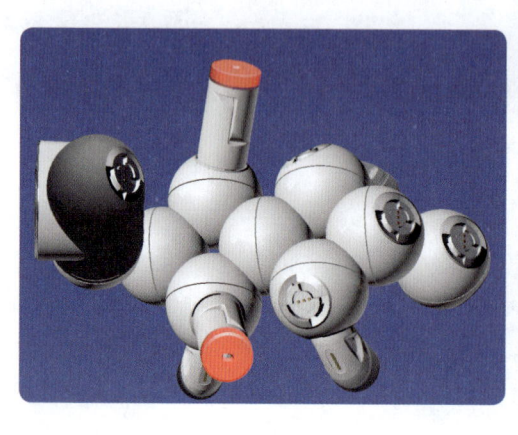

侧视图 　　　　　　俯视图

流程图

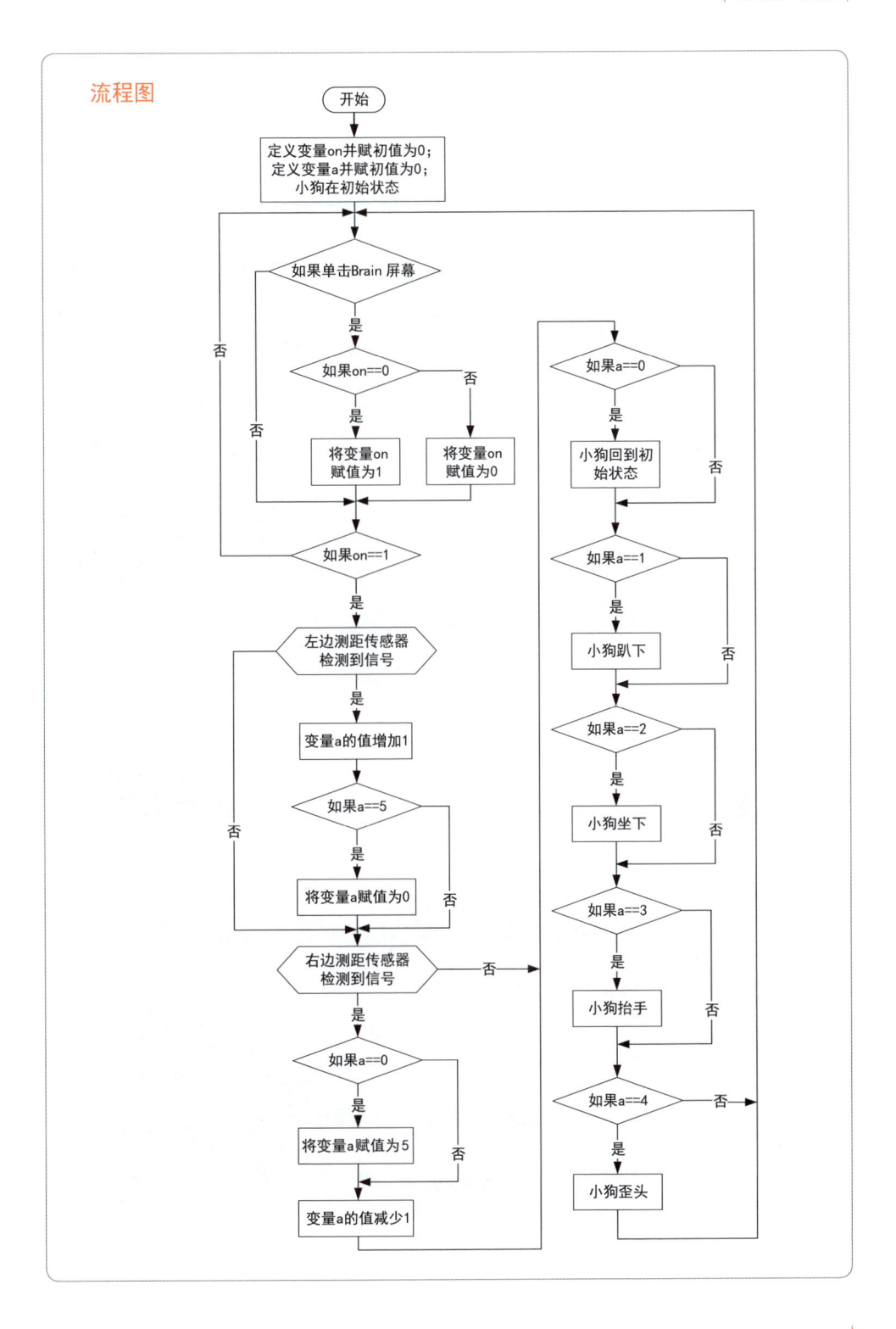

```
开始
  ↓
定义变量on并赋初值为0;
定义变量a并赋初值为0;
小狗在初始状态
  ↓
→ 如果单击Brain 屏幕 ──否──→（返回上方循环）
     │是
     ↓
   如果on==0 ──否──→ 将变量on赋值为0
     │是              │
     ↓                │
  将变量on赋值为1 ←───┘
     ↓
   如果on==1 ──否──→（返回）
     │是
     ↓
  左边测距传感器检测到信号 ──否──→（跳过）
     │是
     ↓
  变量a的值增加1
     ↓
   如果a==5 ──否──→（跳过）
     │是
     ↓
  将变量a赋值为0
     ↓
  右边测距传感器检测到信号 ──否──→（跳过）
     │是
     ↓
   如果a==0 ──否──→（跳过）
     │是
     ↓
  将变量a赋值为5
     ↓
  变量a的值减少1
     ↓
   如果a==0 ──是──→ 小狗回到初始状态
     │否
     ↓
   如果a==1 ──是──→ 小狗趴下
     │否
     ↓
   如果a==2 ──是──→ 小狗坐下
     │否
     ↓
   如果a==3 ──是──→ 小狗抬手
     │否
     ↓
   如果a==4 ──是──→ 小狗歪头
     │否
     ↓
  （返回循环）
```

实例程序

```
▷ 开始程序
将 [on▼] 赋值为 [数字 0]
将 [a▼] 赋值为 [数字 0]
◎ 初始
◎ 重复
    ◎ 如果 〔检测到 单击▼ Brain屏幕〕
    执行  ◎ 如果 〔on▼ ==▼ 数字 0〕
          执行  将 [on▼] 赋值为 [数字 1]
          否则  将 [on▼] 赋值为 [数字 0]

    ◎ 如果 〔on▼ ==▼ 数字 1〕
    执行  ◎ 如果 〔测距模块 13 检测到距离 l mm <=▼ 数字 100〕
          执行  将 [a▼] 的值 增加▼ 数字 1
                ◎ 如果 〔a▼ ==▼ 数字 5〕
                执行  将 [a▼] 赋值为 [数字 0]

          ◎ 如果 〔测距模块 14 检测到距离 l mm <=▼ 数字 100〕
          执行  ◎ 如果 〔a▼ ==▼ 数字 0〕
                执行  将 [a▼] 赋值为 [数字 5]
                将 [a▼] 的值 减少▼ 数字 1
```

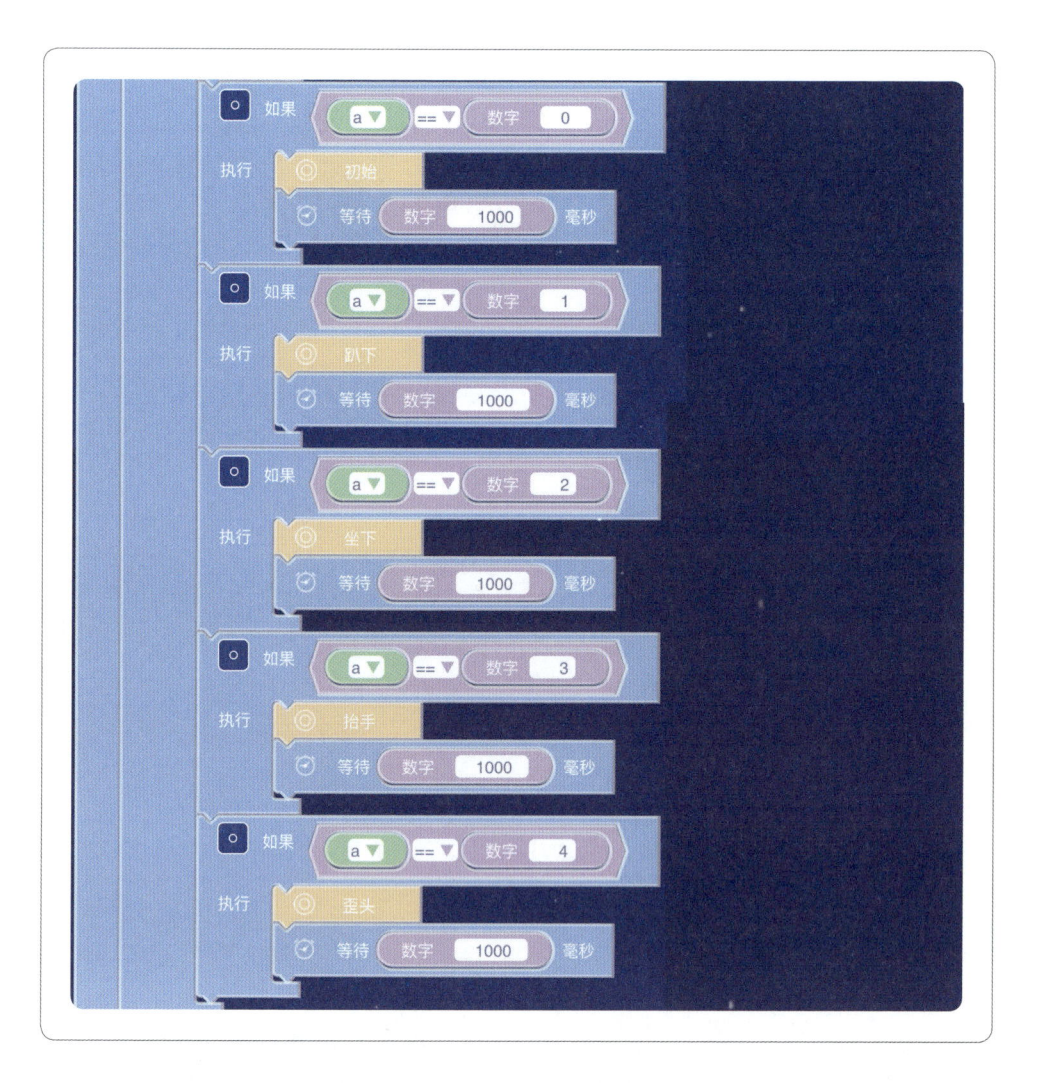

在上面程序中我们使用了 on 和 a 两个变量，变量 on 表示开关状态，单击 Brain 屏幕，改变开关状态。当变量 on 的值为 1 时表示开启开关，小狗按照指令做动作；当变量 on 的值为 0 时表示关闭开关，小狗不能做动作。变量 a 表示小狗的几个姿态动作，遮挡左边 13 号测距传感器，a 的值增加 1；遮挡右边 14 号测距传感器，a 的值减小 1；最后根据变量 a 的值，表示小狗到达不同的姿态点（变量 a 的值为 0～4，每个值对应小狗的一个姿态）。

第6章 循环结构

6.1 循环语句

循环结构是指按照一定的条件反复执行某些步骤,这些重复执行的步骤叫作循环体。

常见的两种循环结构包括当型循环、直到型循环。

当型循环先判断条件,当条件满足时,执行循环体 A;当条件不满足时,结束循环。

直到型循环先执行循环体 A,再判断条件,当条件不满足时,执行循环体 A;直到条件满足,结束循环。

当型循环和直到型循环的流程图如下图所示。

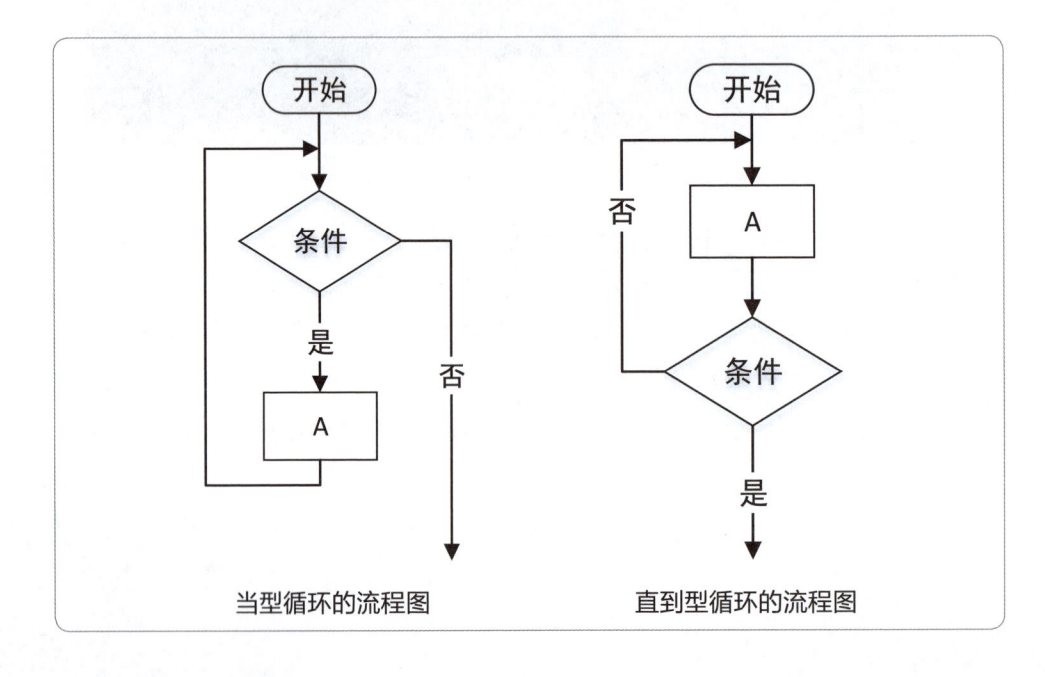

6.1.1　while 循环语句

while 语句是当型循环，它的语法格式如下：

while(判断条件):

执行语句

如果满足某个条件，则循环执行一段程序，用来处理重复的相同任务，它的流程图如下图所示。

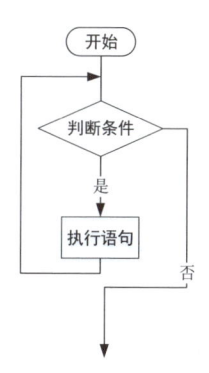

1．"当 - 重复模块"

位置："逻辑"标题下。

功能：此模块为当型循环。先判断条件，当条件满足时，重复执行循环体；当条件不满足时，结束循环。

例如：判断行走足底压力值是否大于或等于 10N，当条件满足时，重复执行循环语句，使 1 号 Joint 逆时针转动；当条件不满足时，结束重复执行的循环语句，继续执行循环体外的语句。

2. 实例 1

我们一般使用循环结构来解决重复执行的事情，下面介绍 while 循环语句的使用。

场景说明：在没有障碍物的情况下，小车会一直前行；遇到障碍物结束程序。

材料清单

1 个 Brain
（主脑）

3 个 Joint
（驱动球）

2 个 Wheel
（车轮）

1 个 Distance Sensor
（测距传感器）

构型图

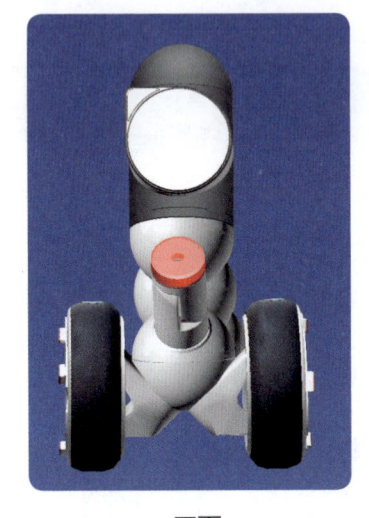

正面

左侧

我们先画出循环结构的流程图，如下图所示。当条件满足时，执行循环，当条件不满足时，直接结束程序。

流程图

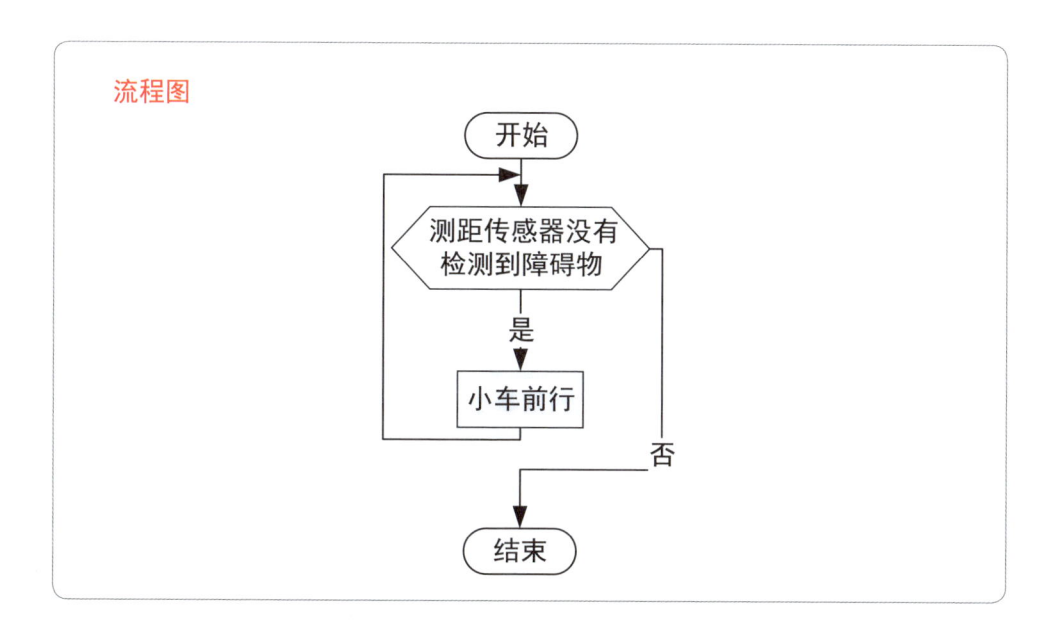

```
          开始
           ↓
    ┌──────────────┐
 ┌─→│ 测距传感器没有 │
 │  │ 检测到障碍物   │─── 否 ──┐
 │  └──────────────┘         │
 │         │ 是              │
 │         ↓                 │
 │    ┌────────┐             │
 └────│ 小车前行 │             │
      └────────┘              │
                              ↓
                            结束
```

实例程序

开始程序
当 [测距模块 6 检测到距离 1mm] <= [数字 100] 重复
　　Wheel [4逆,5顺] 旋转, 旋转速度 [数字 100] 当前旋转速度 1 r/min

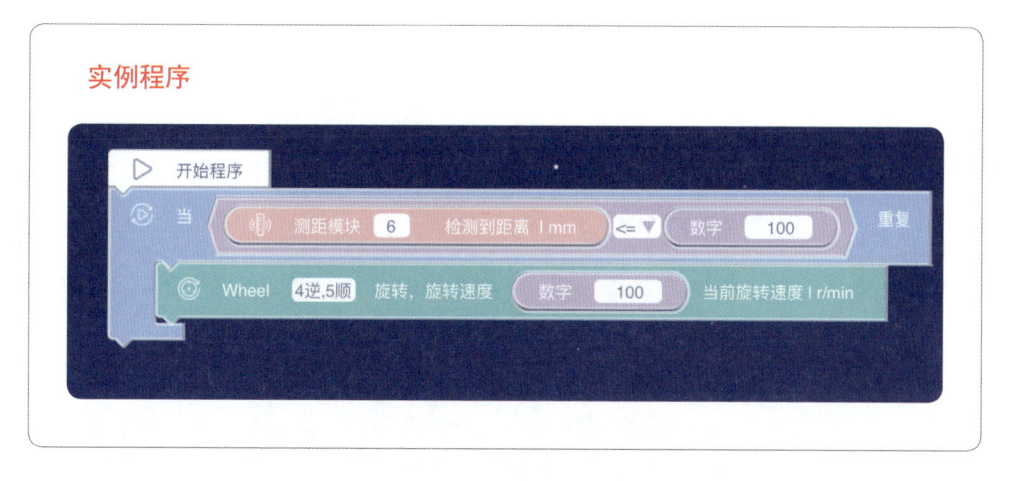

执行程序，当测距传感器没有检测到障碍物时，小车会一直前行；当测距传感器检测到障碍物时，小车停止前行，结束整个程序。

3. 实例2

将循环结构与变量结合在一起，可以实现重复执行一类的事情。

场景说明：让小车慢慢加速后，加速到最大速度后继续前进 2 分钟，然后开始慢慢减速到 0（使用与上面实例同样的构型，直接添加编程文件）。

流程图

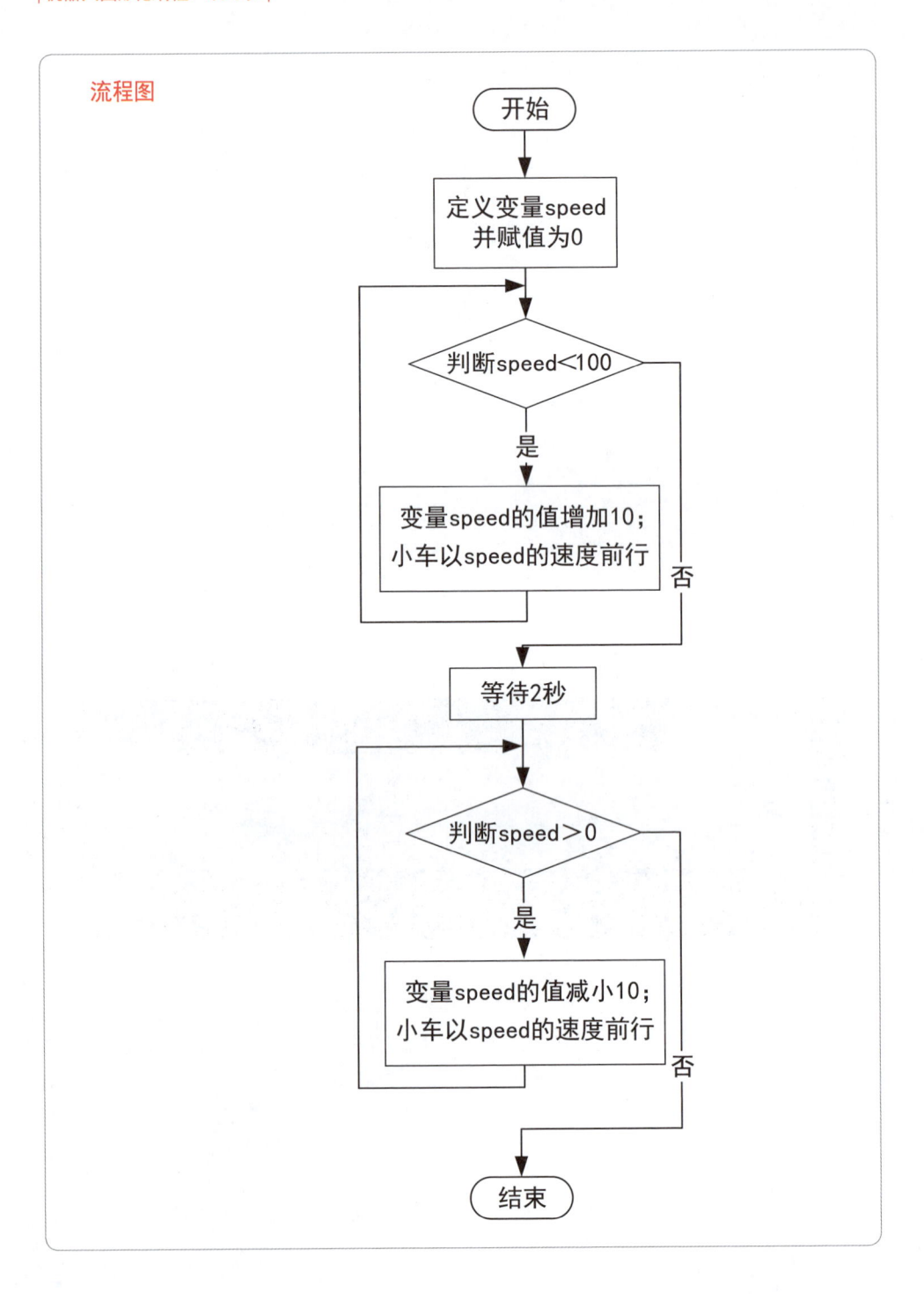

```
                    ┌──────┐
                    │ 开始 │
                    └──┬───┘
                       ↓
              ┌────────────────┐
              │ 定义变量speed  │
              │  并赋值为0     │
              └────────┬───────┘
                       ↓
          ┌─────→ ╱────────────╲
          │       ╲ 判断speed<100╱ ──否──┐
          │         ╲──────╱            │
          │            │是              │
          │            ↓                │
          │  ┌──────────────────────┐   │
          │  │ 变量speed的值增加10; │   │
          │  │ 小车以speed的速度前行│   │
          │  └──────────┬───────────┘   │
          └─────────────┘               │
                                        ↓
                              ┌──────────────┐
                              │   等待2秒    │
                              └──────┬───────┘
                                     ↓
          ┌─────→ ╱────────────╲
          │       ╲ 判断speed>0 ╱ ──否──┐
          │         ╲──────╱            │
          │            │是              │
          │            ↓                │
          │  ┌──────────────────────┐   │
          │  │ 变量speed的值减小10; │   │
          │  │ 小车以speed的速度前行│   │
          │  └──────────┬───────────┘   │
          └─────────────┘               │
                                        ↓
                                   ┌──────┐
                                   │ 结束 │
                                   └──────┘
```

实例程序

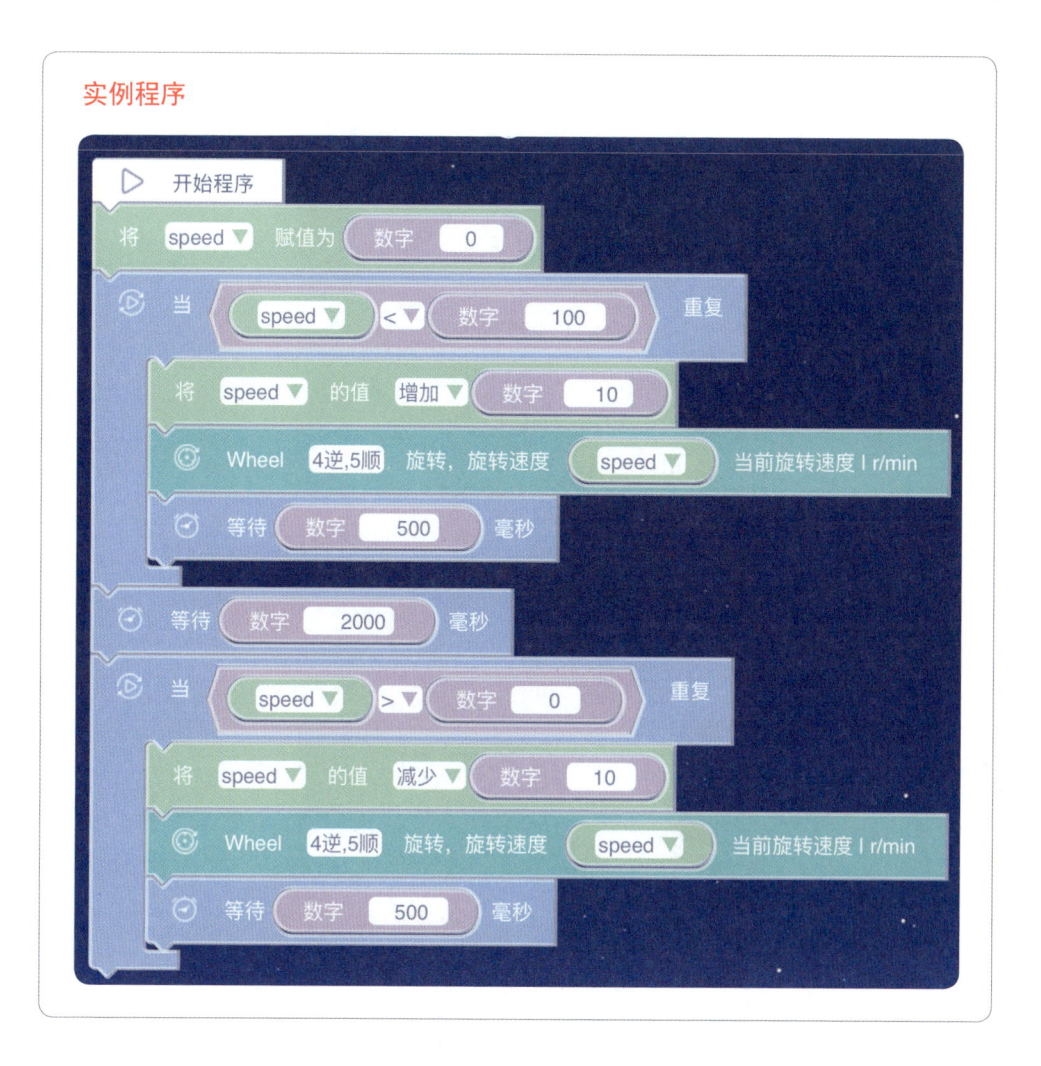

6.1.2 do...while 循环语句

do...while 循环语句是直到型循环，它的语法格式如下：

do 执行语句

while (判断条件)

执行一段语句，直到满足某条件，结束循环，用来处理重复的相同任务。它的流程图如下图所示。

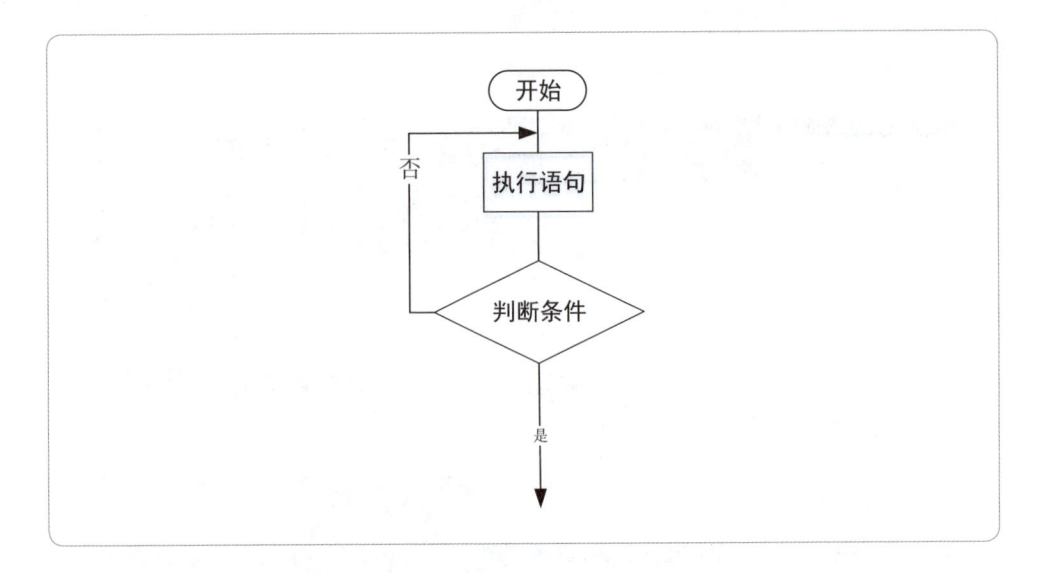

1. 重复－直到模块

位置："逻辑"标题下。

功能：该模块先执行一次循环体，再判断条件，如果条件不满足，则再执行循环体；直到条件满足，结束循环。

例如：重复执行循环语句使 1 号 Joint 逆时针转动；直到行走足底检测到压力值大于或等于 10N，结束循环。

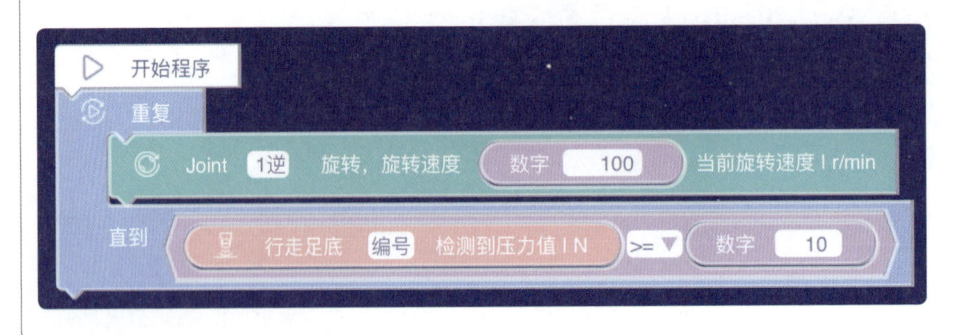

2. 实例

我们一般使用循环结构来解决重复执行的事情，下面介绍 do...while 循环语句的使用。

场景说明：小车一直前行，直到两个行走足底有一个感觉到 10N 以上（不包含）的压力。

材料清单

1 个 Brain（主脑）　　5 个 Joint（驱动球）　　2 个 Wheel（车轮）　　4 个 Smart Foot（行走足底）

构型图

左侧 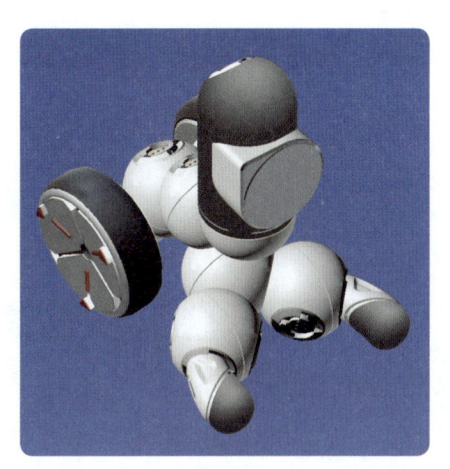　　正面

流程图

(开始 → 小车前进 → 左侧行走足底检测到压力值>=10 或 右侧行走足底检测到压力值>=10 → 是 → 结束；否 → 返回小车前进)

实例程序

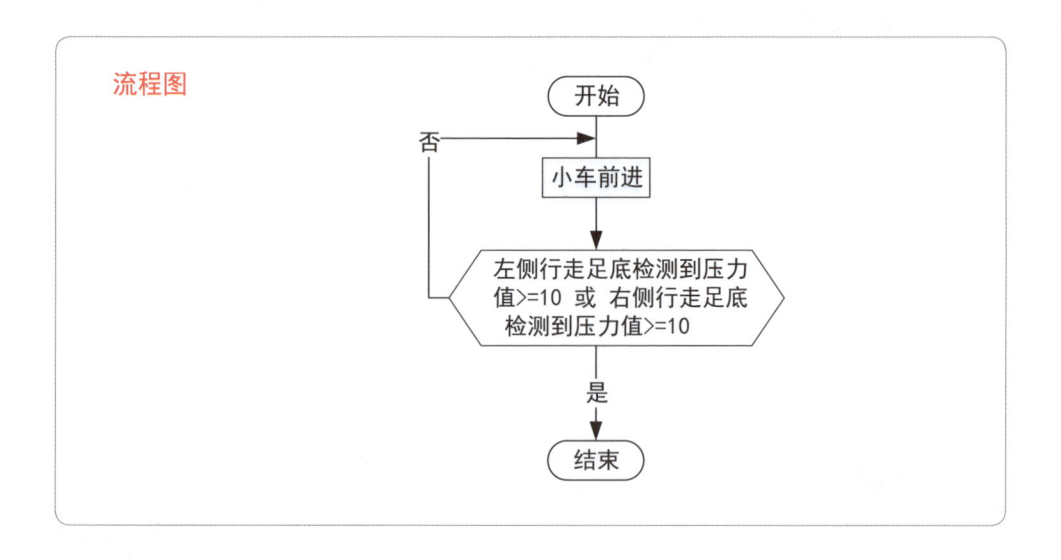

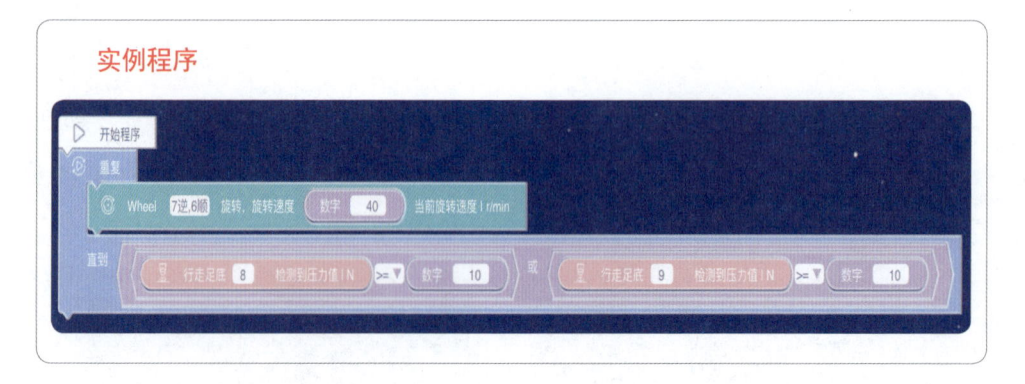

while 循环语句和 do...while 循环语句可以互换使用，上面的程序也可以使用 while 循环语句实现，如下图所示。

3．其他循环模块

（1）重复模块。

位置："逻辑"标题下。

作用：属于循环结构，永久循环执行嵌入的程序。嵌入其中的程序会一直重复执行，不会结束循环。

（2）重复次数模块。

位置："逻辑"标题下。

作用：属于循环结构，循环几次执行嵌入的程序。

4．实例2

前文已经多次使用过重复模块，用来重复执行整个程序，可以让程序一直执行。我们还没有使用过重复次数模块，下面介绍使用重复次数模块的实例。

材料清单

1个 Brain（主脑） 　　1个 Joint（驱动球） 　　1个 Skeleton（延长杆） 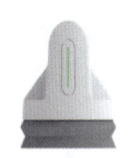　　1个 Suction Cup（吸盘）

构型图

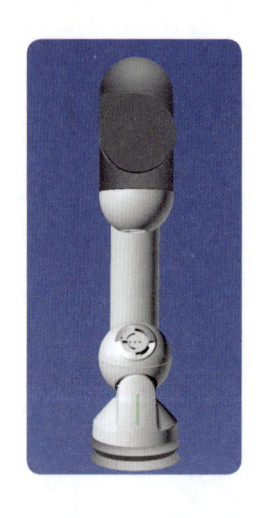

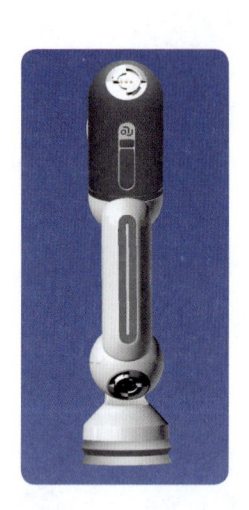

（1）使用重复次数模块，完成重复固定次数的灯的闪烁。

场景说明：当单击 Brain 屏幕时，灯闪烁 5 次。

实例程序

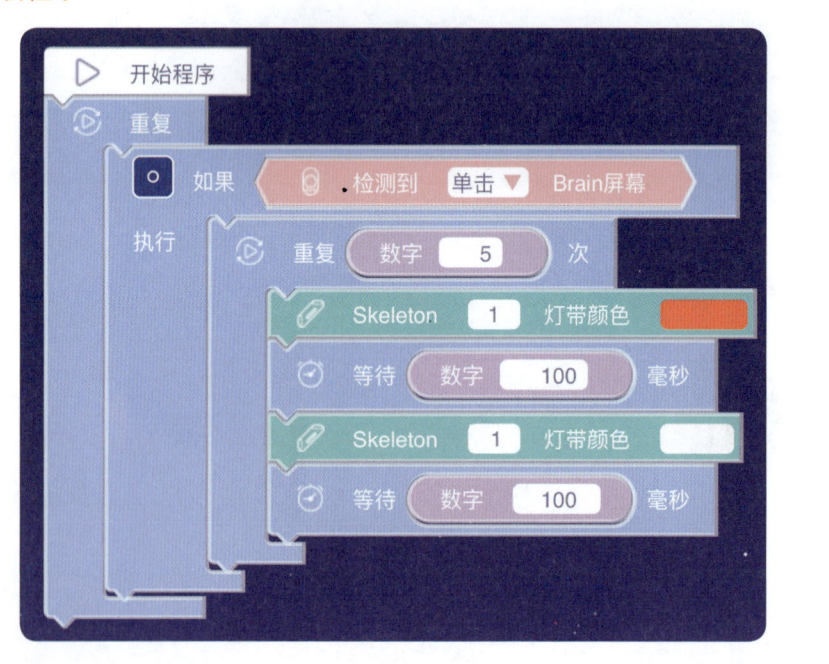

（2）使用重复次数模块，完成重复非固定次数的灯的闪烁。

场景说明：第 1 次单击 Brain 屏幕，灯闪烁 1 次；第 n 次单击 Brain 屏幕，灯闪烁 n 次。

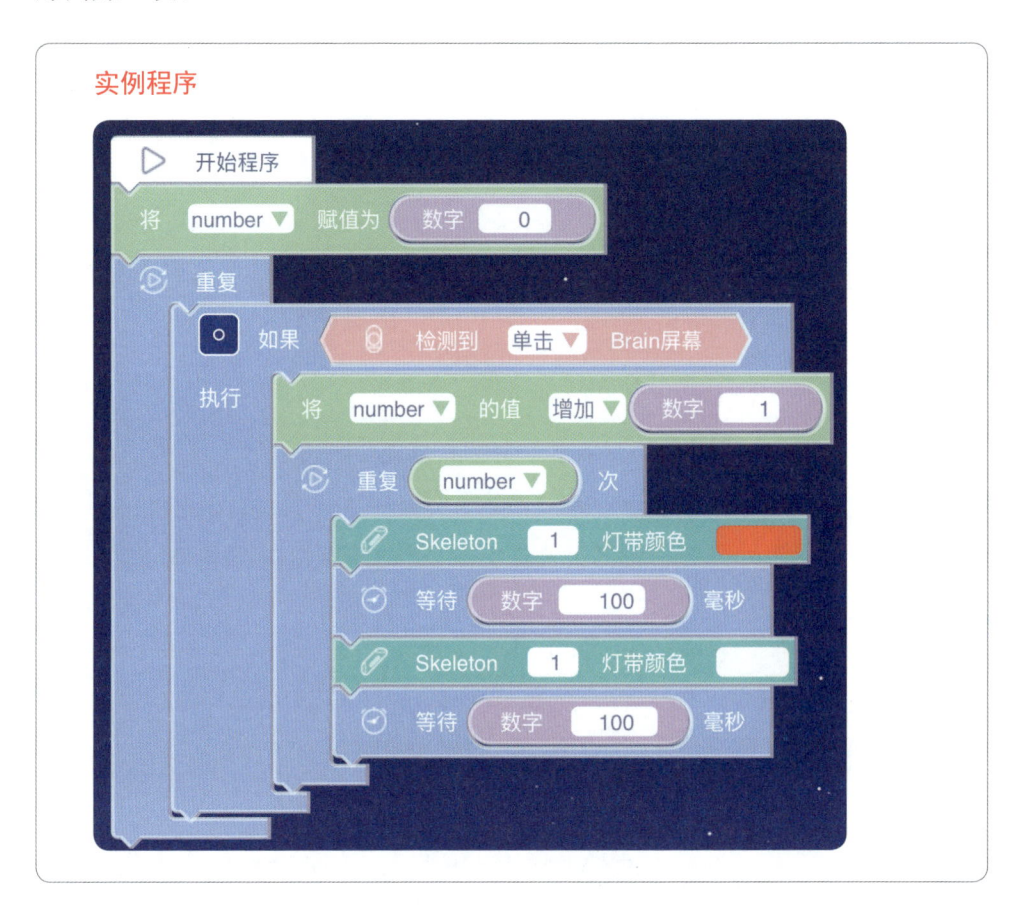

实例程序

6.2 跳出循环

6.2.1 break 语句

在程序中，break 语句可以打破循环，跳出循环体。当使用 break 语句时，即使循环条件还成立，循环体中程序还没有被完全递归完，也会停止执行循环语句。如果使用嵌套循环，则 break 语句跳出的是本层的循环；如果将 break 语句写在最外层循环中，则跳出最外层循环；如果将 break 语句写内层循环中，则跳出内层循环。

break 语句不可以单独使用，必须在循环体中使用，一般用法为：在满足某个条件时，执行 break 语句（跳出循环）。

例如：老师从 1 号～30 号点名班里所有的学生，如果学校开会，则结束点名。

重复 30 次：

执行　点名一个学生

如果学校开会

执行 (break)

在上面的逻辑中，老师点名是一个循环结构，要循环 30 次点名动作；不管点到多少名学生，只要学校开会，就会跳出整个循环，不再继续点名。

1. 跳出模块

位置："逻辑"标题下。

功能：在循环结构中，使用 break 语句可以提前终止整个循环。该模块不能被单独使用。

例如：2 号 Joint 持续转动，如果遮挡测距传感器，则跳出循环，结束程序。

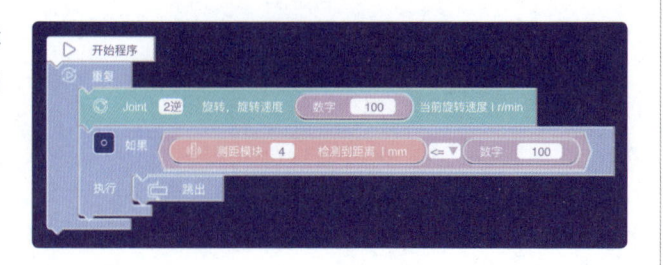

2. 实例

场景说明：将灯带以红色、黄色、绿色、蓝色、白色的顺序依次点亮，

5个颜色一直循环,当遮挡测距传感器时,马上跳出灯带颜色切换的循环,结束整个程序。

材料清单

| 1个 Brain（主脑） | 1个 Joint（驱动球） | 1个 Suction Cup（吸盘） | 1个 Skeleton（延长杆） | 1个 Distance Sensor（测距传感器） |

构型图

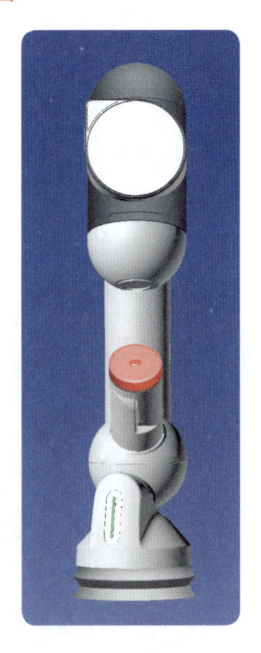

正面 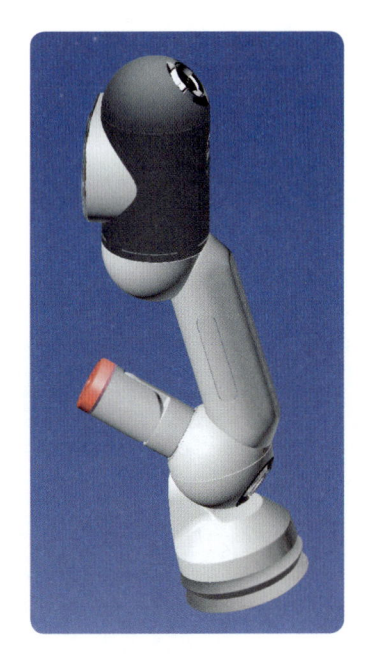　　　　　　　左侧

流程图

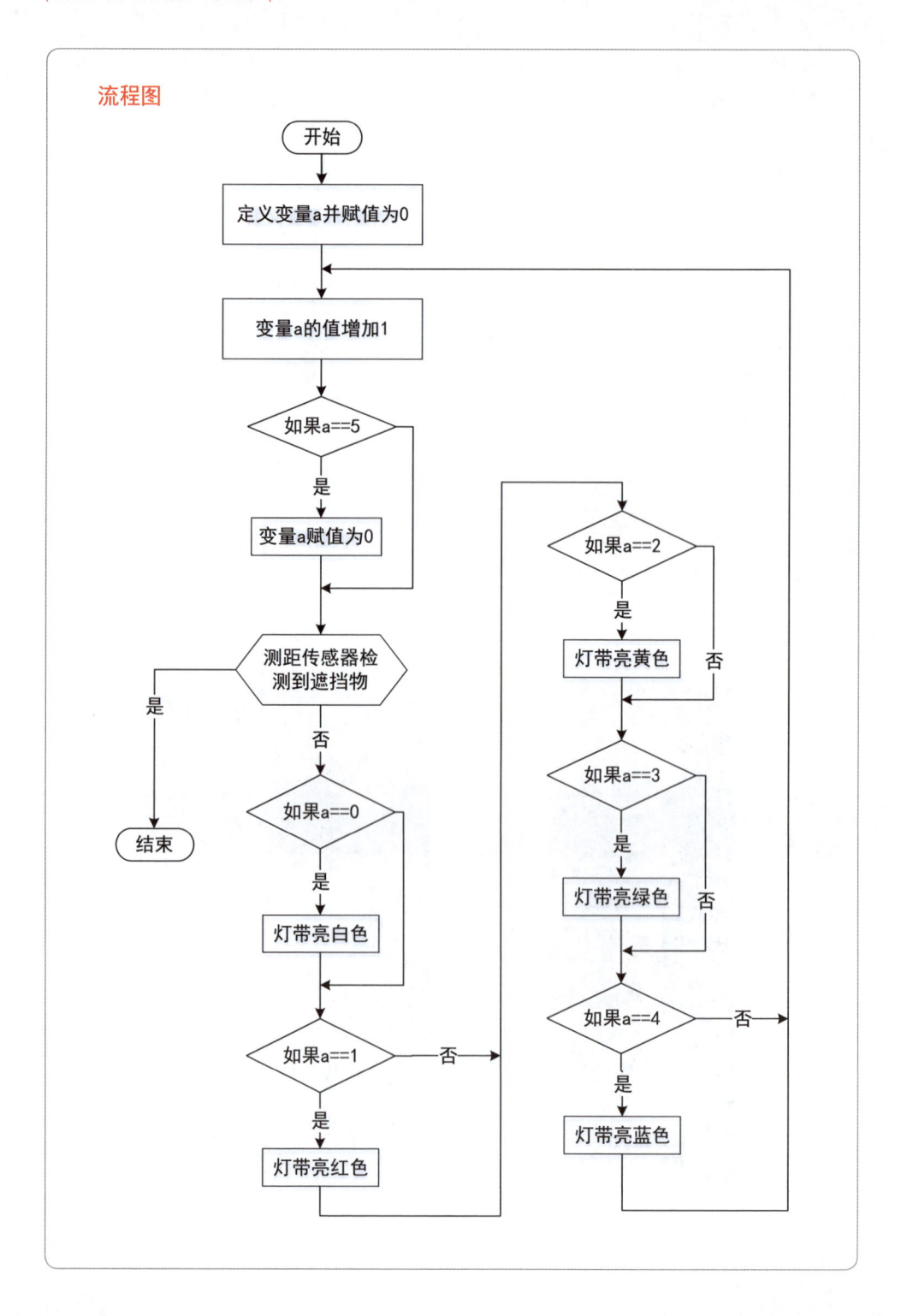

```
                    ┌─────────┐
                    │  开始   │
                    └────┬────┘
                         ↓
              ┌──────────────────────┐
              │ 定义变量a并赋值为0   │
              └──────────┬───────────┘
                         ↓
              ┌──────────────────────┐
         →→→→→│    变量a的值增加1    │
         ↑    └──────────┬───────────┘
         ↑               ↓
         ↑         ╱ 如果a==5 ╲
         ↑         ╲           ╱
         ↑               │ 是
         ↑               ↓
         ↑    ┌──────────────────────┐
         ↑    │    变量a赋值为0      │
         ↑    └──────────┬───────────┘
         ↑               ↓
         ↑    ╱ 测距传感器检  ╲ ── 是 ──→ ┌──────┐
         ↑    ╲ 测到遮挡物    ╱           │ 结束 │
         ↑               │ 否              └──────┘
         ↑               ↓
         ↑         ╱ 如果a==0 ╲ ── 是 ──→ ┌──────────┐
         ↑         ╲           ╱          │ 灯带亮白色│←┐
         ↑               │                 └─────┬────┘ │
         ↑               ↓←──────────────────────┘      │
         ↑         ╱ 如果a==1 ╲ ── 否 ──→                │
         ↑         ╲           ╱                         │
         ↑               │ 是                            │
         ↑               ↓                               │
         ↑    ┌──────────────────────┐                   │
         ↑    │     灯带亮红色       │                   │
         ↑    └──────────────────────┘                   │
         ↑                                               │
         ↑         ╱ 如果a==2 ╲ ── 否 ──→                │
         ↑         ╲           ╱                         │
         ↑               │ 是                            │
         ↑    ┌──────────────────────┐                   │
         ↑    │     灯带亮黄色       │                   │
         ↑    └──────────────────────┘                   │
         ↑                                               │
         ↑         ╱ 如果a==3 ╲ ── 否 ──→                │
         ↑         ╲           ╱                         │
         ↑               │ 是                            │
         ↑    ┌──────────────────────┐                   │
         ↑    │     灯带亮绿色       │                   │
         ↑    └──────────────────────┘                   │
         ↑                                               │
         ↑         ╱ 如果a==4 ╲ ── 否 ──→→→→→→→→→→→→→→→→→┘
         ↑         ╲           ╱
         ↑               │ 是
         ↑    ┌──────────────────────┐
         ↑    │     灯带亮蓝色       │
         ↑    └──────────┬───────────┘
         └───────────────┘
```

实例程序

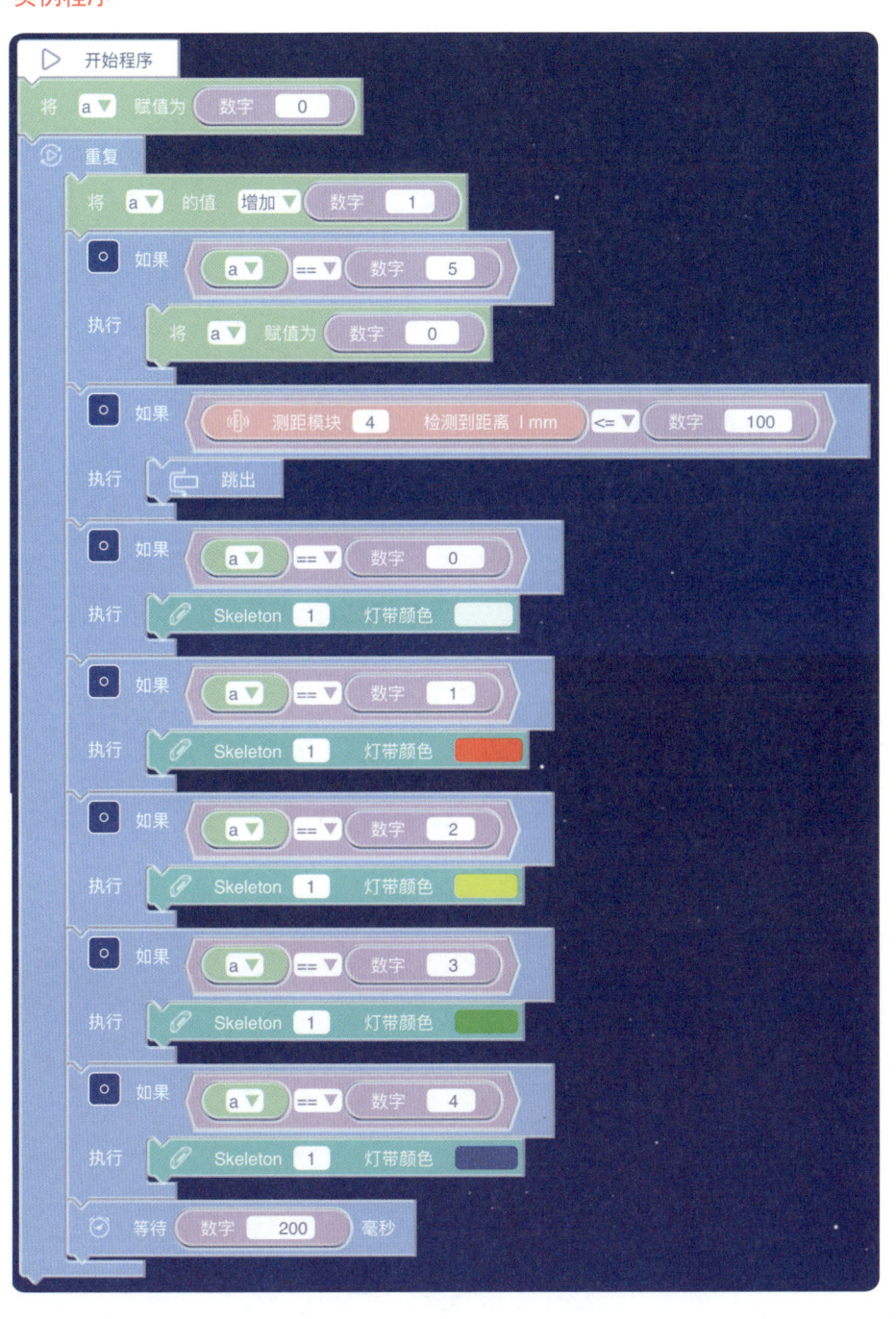

▷ 开始程序
将 a 赋值为 数字 0
重复
　　将 a 的值 增加 数字 1
　　如果 a == 数字 5
　　执行 将 a 赋值为 数字 0

　　如果 测距模块 4 检测到距离 1mm <= 数字 100
　　执行 跳出

　　如果 a == 数字 0
　　执行 Skeleton 1 灯带颜色 ▢

　　如果 a == 数字 1
　　执行 Skeleton 1 灯带颜色 ▢

　　如果 a == 数字 2
　　执行 Skeleton 1 灯带颜色 ▢

　　如果 a == 数字 3
　　执行 Skeleton 1 灯带颜色 ▢

　　如果 a == 数字 4
　　执行 Skeleton 1 灯带颜色 ▢

　　等待 数字 200 毫秒

6.2.2　continue 语句

在程序中，continue 语句可以跳出本次循环。continue 语句用来跳过当前循环的剩余语句，然后继续进行下一轮循环。

continue 语句不可以单独使用，必须在循环体中使用，一般用法为：在满足某个条件时，执行 continue 语句（跳出本次循环）。

例如：依次点亮 20 个小灯，小灯的灯号为 1 号～ 20 号。如果满足某个条件，则使用 continue 语句跳出本次。

重复 20 次：

执行　如果满足某个条件

　　　执行 (continue)

　　点亮一个小灯

在上面的逻辑中，点亮小灯是一个循环结构，要循环 20 次点灯动作；假如点亮 10 号小灯结束循环，在重复第 11 次时，满足了某个条件，跳过本次循环，不点亮 11 号小灯；继续重复第 12 次，点亮 12 号小灯。最后的结果就是 11 号小灯不亮，其他小灯全部点亮。

1. 跳出本次模块

位置："逻辑"标题下。

功能：在循环结构中，使用 continue 语句可以提前终止本次循环。该模块不能被单独使用。

2. 实例

场景说明：将灯带以红色、黄色、绿色、蓝色、白色的顺序依次点亮，5 个颜色一直循环，当遮挡测距传感器时，跳过本次循环，此次需要点亮的颜色不亮，继续进行下一次循环（使用 6.2.1 小节中实例的构型）。

流程图

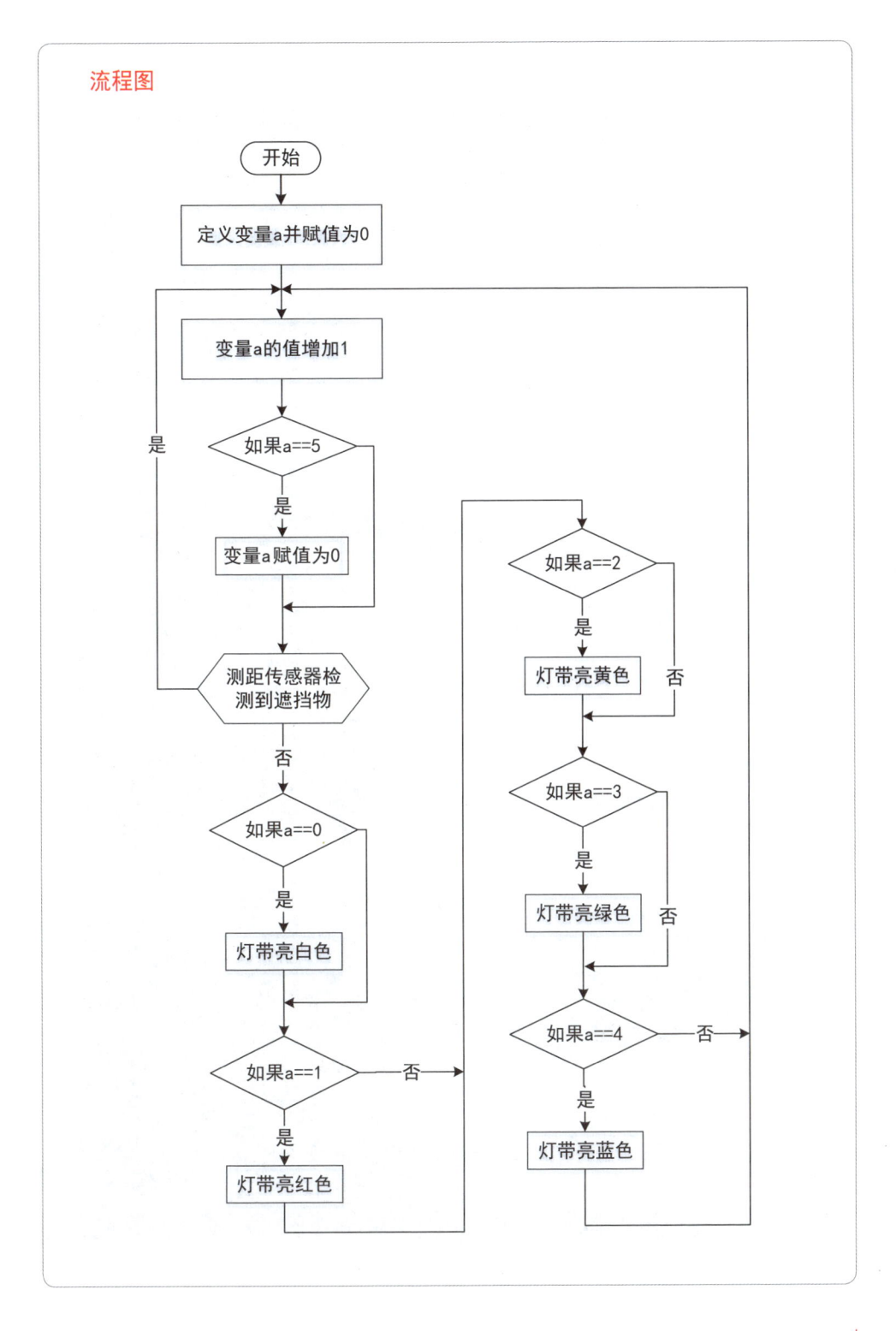

```
                    ┌───────┐
                    │ 开始  │
                    └───┬───┘
                        ↓
            ┌───────────────────────┐
            │ 定义变量a并赋值为0     │
            └───────────┬───────────┘
                        ↓ ←──────────────────────┐
            ┌───────────────────────┐            │
            │ 变量a的值增加1         │            │
            └───────────┬───────────┘            │
                        ↓                        │
                   ╱ 如果a==5 ╲ ──是──┐          │
                   ╲         ╱       │          │
                        ↓ 否         ↓          │
                              ┌───────────────┐ │
                              │ 变量a赋值为0  │ │
                              └───────┬───────┘ │
                        ↓ ←───────────┘         │
                   ╱测距传感器╲                  │
                   ╲检测到遮挡物╱ ──是──→ ──────┐│
                        ↓ 否                   ││
                   ╱ 如果a==0 ╲                 ││
                   ╲         ╱ ──是→┌─────────┐││
                        ↓ 否       │灯带亮白色│││
                                   └────┬────┘││
                        ↓ ←─────────────┘     ││
                   ╱ 如果a==1 ╲──否→          ││
                   ╲         ╱                 ││
                        ↓ 是                   ││
                   ┌─────────┐                 ││
                   │灯带亮红色│                 ││
                   └─────────┘                 ││
                                                ││
                   ╱ 如果a==2 ╲──否→            ││
                   ╲         ╱                  ││
                        ↓ 是                    ││
                   ┌─────────┐                  ││
                   │灯带亮黄色│                  ││
                   └─────────┘                  ││
                   ╱ 如果a==3 ╲──否→            ││
                   ╲         ╱                  ││
                        ↓ 是                    ││
                   ┌─────────┐                  ││
                   │灯带亮绿色│                  ││
                   └─────────┘                  ││
                   ╱ 如果a==4 ╲──否→            ││
                   ╲         ╱                  ││
                        ↓ 是                    ││
                   ┌─────────┐                  ││
                   │灯带亮蓝色│                  ││
                   └─────────┘                  ││
```

实例程序

```
▷ 开始程序
将 [a▼] 赋值为 (数字 0)
重复
    将 [a▼] 的值 增加▼ (数字 1)
    如果 ([a▼] ==▼ 数字 5)
    执行
        将 [a▼] 赋值为 (数字 0)
    
    如果 (测距模块 4 检测到距离 1mm <=▼ 数字 100)
    执行
        等待 (数字 500) 毫秒
        跳出本次
    
    如果 ([a▼] ==▼ 数字 0)
    执行
        Skeleton 1 灯带颜色 ■
    
    如果 ([a▼] ==▼ 数字 1)
    执行
        Skeleton 1 灯带颜色 ■(红)
    
    如果 ([a▼] ==▼ 数字 2)
    执行
        Skeleton 1 灯带颜色 ■(黄绿)
    
    如果 ([a▼] ==▼ 数字 3)
    执行
        Skeleton 1 灯带颜色 ■(绿)
    
    如果 ([a▼] ==▼ 数字 4)
    执行
        Skeleton 1 灯带颜色 ■(紫)
    
    等待 (数字 500) 毫秒
```

6.3 循环结构综合应用

6.3.1 综合应用 1

使用选择结构、变量、循环结构的多重嵌套完成以下功能。

场景说明：小车的车轮速度从 0 开始慢慢加速到 100，屏幕上显示向上箭头。在加速过程中，如果遮挡测距传感器则结束加速；然后开始减速到 0；在减速过程中，如果遮挡测距传感器则结束减速，回到最开始加速状态；如果在加速过程中没有被打断，达到最大速度 100，则一个车轮灯带亮起红灯；同理，如果减速到 0，另一个车轮灯带亮起红色（使用 6.1.1 小节中实例的构型图）。

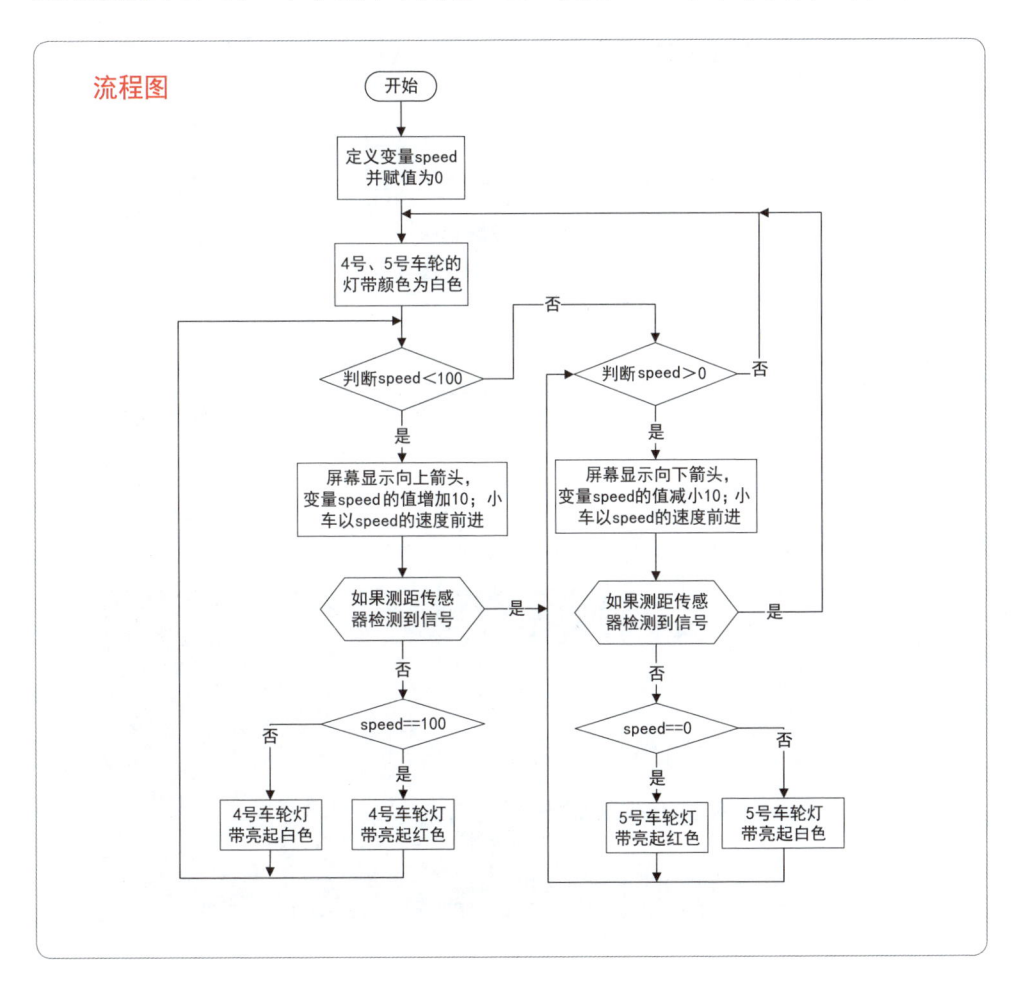

流程图

```
开始
  ↓
定义变量speed并赋值为0
  ↓
4号、5号车轮的灯带颜色为白色
  ↓
判断speed<100 ──否──→ 判断speed>0 ──否──┐
  ↓是                    ↓是              │
屏幕显示向上箭头，      屏幕显示向下箭头，  │
变量speed的值增加10；   变量speed的值减小10；│
小车以speed的速度前进   小车以speed的速度前进│
  ↓                      ↓                │
如果测距传感器          如果测距传感器      │
检测到信号 ──是──→┐    检测到信号 ──是──→│
  ↓否              │     ↓否              │
speed==100        │    speed==0          │
  ↓是  ↓否        │     ↓是  ↓否         │
4号车轮灯  4号车轮灯     5号车轮灯  5号车轮灯
带亮起白色 带亮起红色    带亮起红色 带亮起白色
```

实例程序

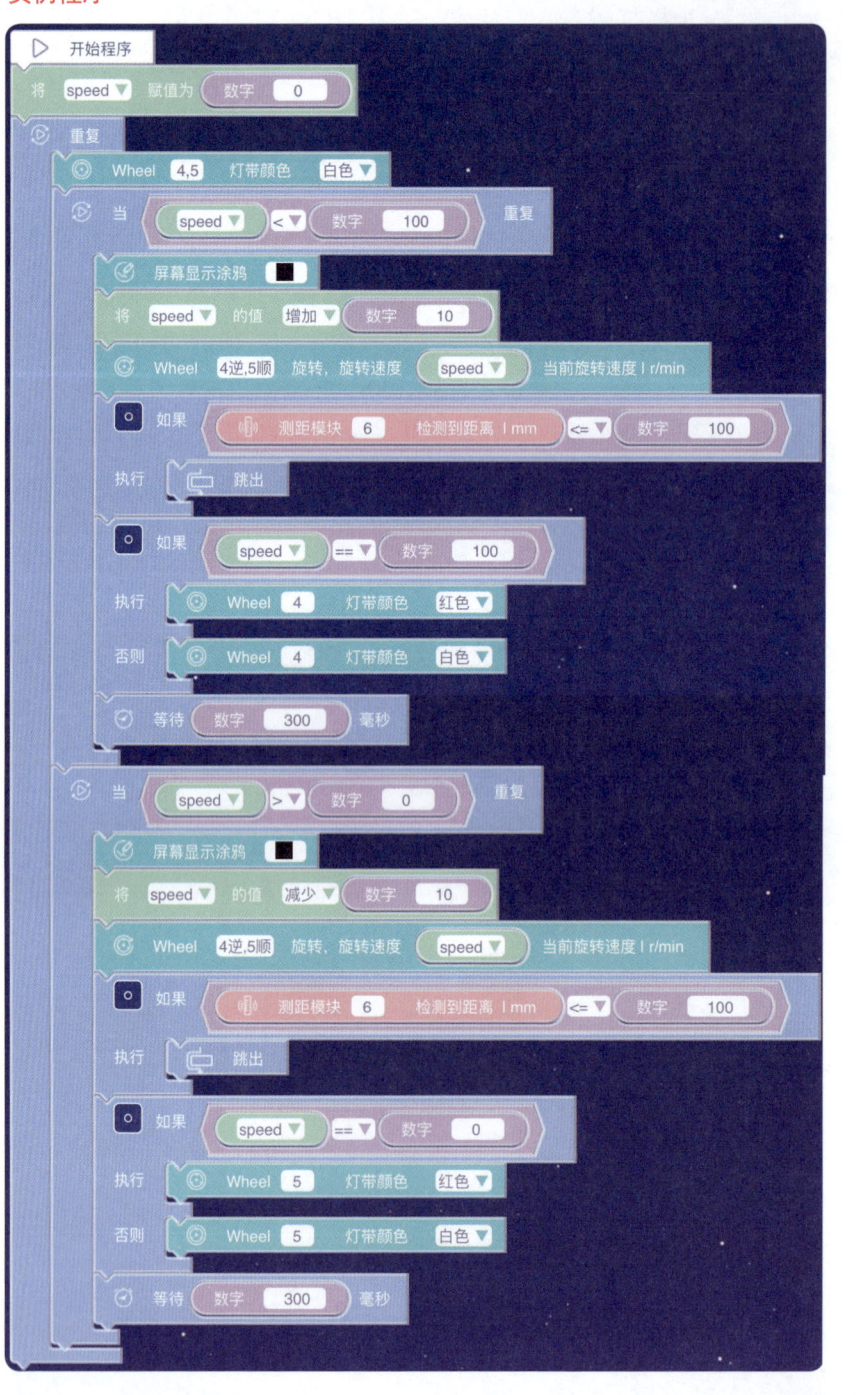

```
开始程序
将 speed 赋值为 数字 0
重复
    Wheel 4,5 灯带颜色 白色
    当 speed < 数字 100 重复
        屏幕显示涂鸦 ■
        将 speed 的值 增加 数字 10
        Wheel 4逆,5顺 旋转,旋转速度 speed 当前旋转速度 l r/min
        如果 测距模块 6 检测到距离 l mm <= 数字 100
        执行 跳出
        如果 speed == 数字 100
        执行 Wheel 4 灯带颜色 红色
        否则 Wheel 4 灯带颜色 白色
        等待 数字 300 毫秒
    当 speed > 数字 0 重复
        屏幕显示涂鸦 ■
        将 speed 的值 减少 数字 10
        Wheel 4逆,5顺 旋转,旋转速度 speed 当前旋转速度 l r/min
        如果 测距模块 6 检测到距离 l mm <= 数字 100
        执行 跳出
        如果 speed == 数字 0
        执行 Wheel 5 灯带颜色 红色
        否则 Wheel 5 灯带颜色 白色
        等待 数字 300 毫秒
```

6.3.2 综合应用 2

使用学过的知识完成以下功能。

场景说明：小车最开始为静止状态；车后的测距传感器控制着小车的速度，每接收一次信号，速度加 10，加到最大速度后从 0 开始加速。车前的测距传感器控制着小车行驶的方向和状态，每接收一次信号，小车改变一次方向和状态，一共有停止、前进、左转、右转、后退 5 种状态。

材料清单

1 个 Brain（主脑）
3 个 Joint（驱动球） 
2 个 Wheel（车轮） 
2 个 Distance Sensor（测距传感器） 

构型图

正面

左侧

流程图中的"等待300毫秒"是因为遮挡传感器需要时间，添加等待时间可以每遮挡一次，只检测一次，而不会认为是多次遮挡。

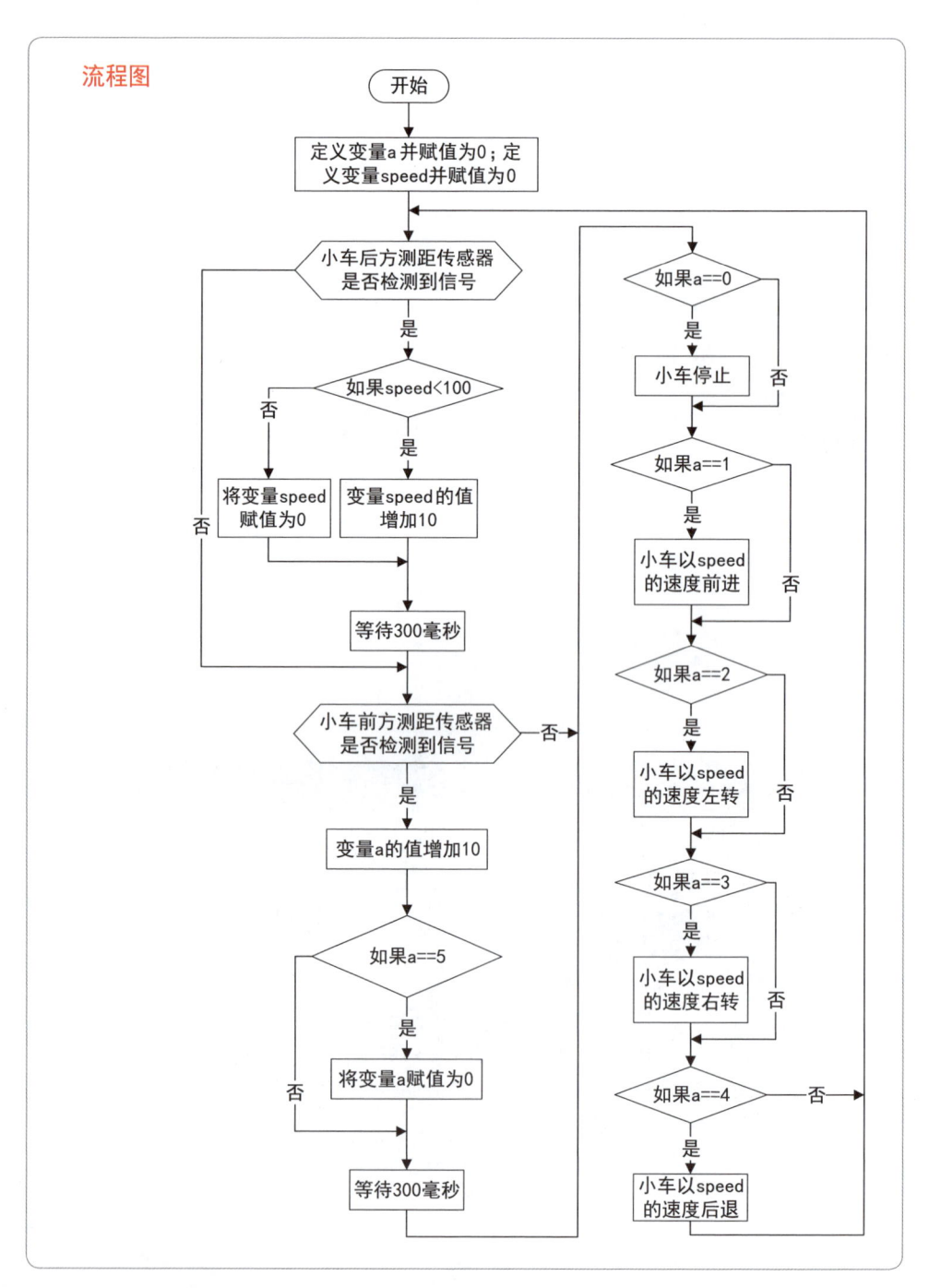

流程图

```
                            开始
                             ↓
                  定义变量a并赋值为0；定
                  义变量speed并赋值为0
                             ↓
                  小车后方测距传感器
                  是否检测到信号 ──否──┐
                             ↓是              如果a==0 ──否──┐
                                                ↓是                    │
                  如果speed<100                小车停止               │
                      ↓是  ↓否                    ↓                    │
               变量speed的值  将变量speed     如果a==1 ──否──┐     │
               增加10          赋值为0            ↓是              │     │
                      ↓         ↓              小车以speed          │     │
                      ↓←───────┘              的速度前进            │     │
                      ↓                           ↓                    │     │
                  等待300毫秒                如果a==2 ──否──┐     │     │
                      ↓                           ↓是              │     │     │
                  小车前方测距传感器          小车以speed          │     │     │
                  是否检测到信号 ──否──┐   的速度左转            │     │     │
                      ↓是                │        ↓                    │     │     │
                  变量a的值增加10      │    如果a==3 ──否──┐     │     │     │
                      ↓                │         ↓是              │     │     │     │
                  如果a==5 ──否──┐  │    小车以speed          │     │     │     │
                      ↓是           │  │    的速度右转            │     │     │     │
                  将变量a赋值为0  │  │        ↓                    │     │     │     │
                      ↓           │  │    如果a==4 ──否──┐     │     │     │     │
                  等待300毫秒    │  │         ↓是              │     │     │     │     │
                                    │  │     小车以speed          │     │     │     │     │
                                    │  │     的速度后退            │     │     │     │     │
```

实例程序

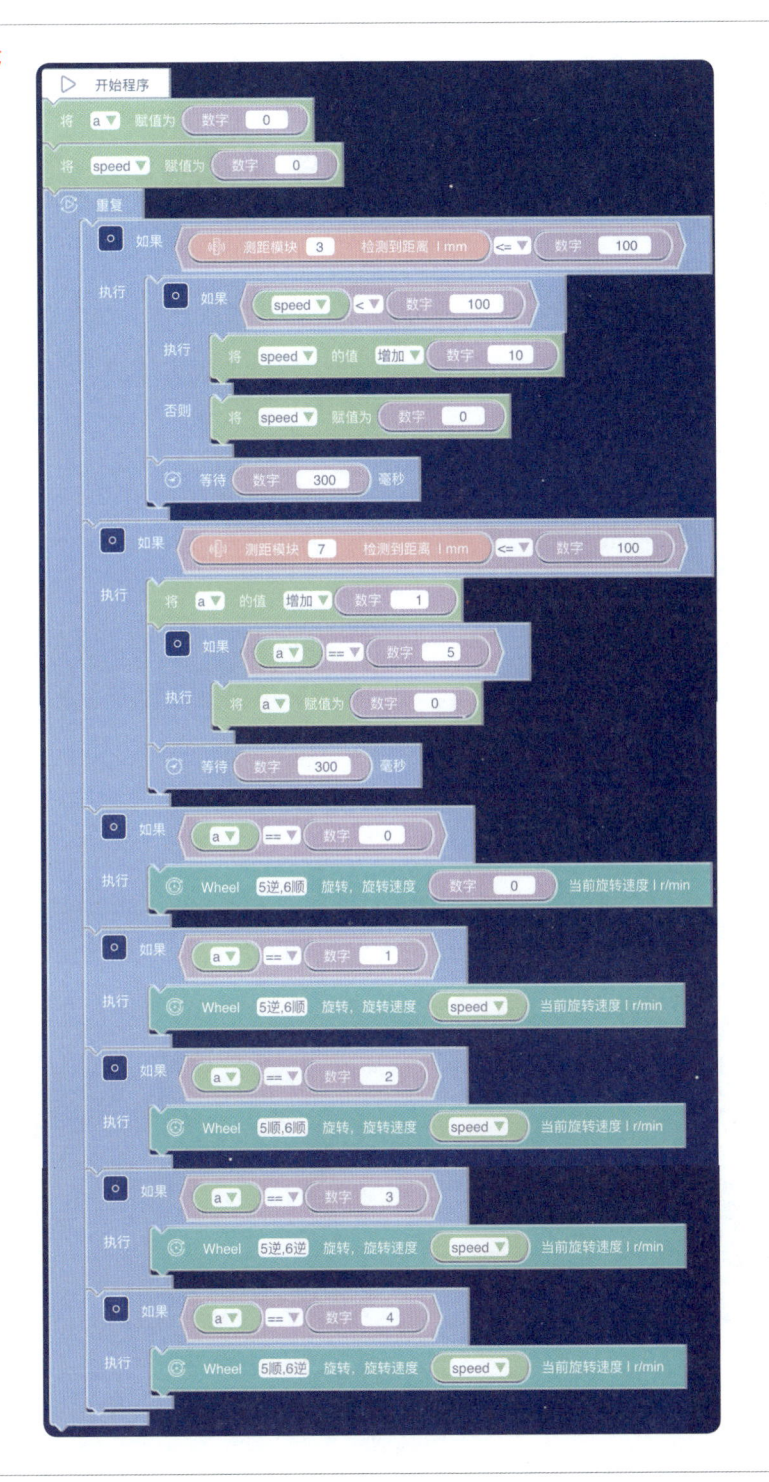

```
开始程序
将 a 赋值为 数字 0
将 speed 赋值为 数字 0
重复
    如果 测距模块 3 检测到距离 1mm <= 数字 100
    执行
        如果 speed < 数字 100
        执行
            将 speed 的值 增加 数字 10
        否则
            将 speed 赋值为 数字 0
        等待 数字 300 毫秒
    
    如果 测距模块 7 检测到距离 1mm <= 数字 100
    执行
        将 a 的值 增加 数字 1
        如果 a == 数字 5
        执行
            将 a 赋值为 数字 0
        等待 数字 300 毫秒
    
    如果 a == 数字 0
    执行
        Wheel 5逆,6顺 旋转,旋转速度 数字 0 当前旋转速度 1 r/min
    
    如果 a == 数字 1
    执行
        Wheel 5逆,6顺 旋转,旋转速度 speed 当前旋转速度 1 r/min
    
    如果 a == 数字 2
    执行
        Wheel 5顺,6顺 旋转,旋转速度 speed 当前旋转速度 1 r/min
    
    如果 a == 数字 3
    执行
        Wheel 5逆,6逆 旋转,旋转速度 speed 当前旋转速度 1 r/min
    
    如果 a == 数字 4
    执行
        Wheel 5顺,6逆 旋转,旋转速度 speed 当前旋转速度 1 r/min
```

第7章 机器人编程实例

7.1 项目1：有效开关

7.1.1 任务描述

制作一个机器人，并使用测距传感器作为"开关"来控制机器人的打开或关闭。

提示：任务描述中没有对机器人的外观及传感器的种类做具体要求，因此学生可以自主设计完成，以下列举的简单案例供学生参考。

7.1.2 设计构型

设计一个可以站立在桌面上的机器人，使用测距传感器来控制机器人的灯带颜色，当距离小于 1.5cm 时灯带亮起红色，否则灯带亮起绿色。

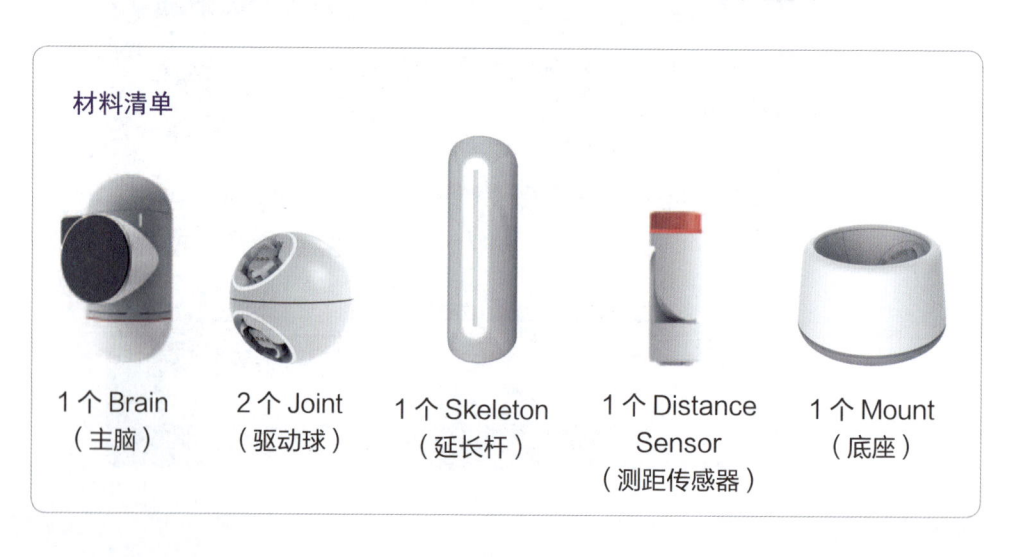

材料清单

1个 Brain（主脑）　　2个 Joint（驱动球）　　1个 Skeleton（延长杆）　　1个 Distance Sensor（测距传感器）　　1个 Mount（底座）

构型图

使用底座将机器人固定在桌面上，如左图所示。通过测距传感器来实现灯带颜色的转变。

7.1.3　流程图

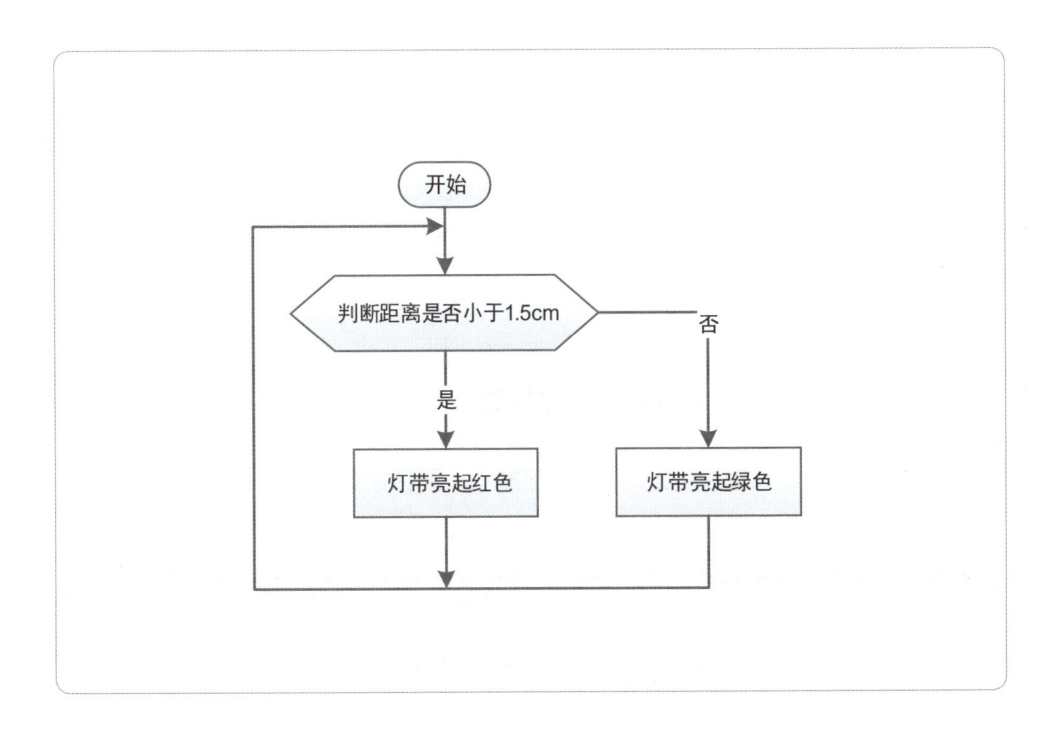

7.1.4 图形化编程

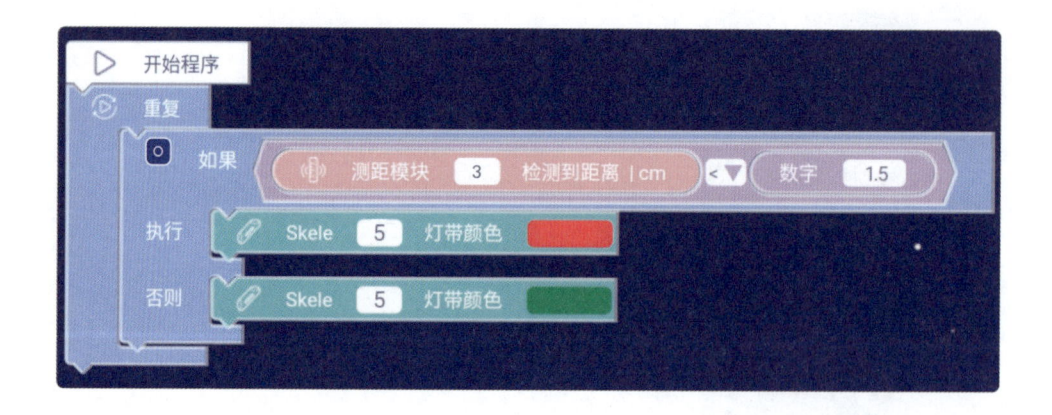

7.2 项目 2：别离我太近

7.2.1 任务描述

制作一个机器人，当人与机器人的距离在 40cm（包含）以上时，灯带亮起绿色，表示安全；当距离为 30cm～40cm（不包含 30）时，灯带亮起蓝色；当距离为 20cm～30cm（不包含 20）时，灯带亮起黄色；当距离为 10cm～20cm（不包含 10）时，灯带亮起橙色；当距离为 0cm～10cm（不包含 0）时，灯带亮起红色；如下图所示。

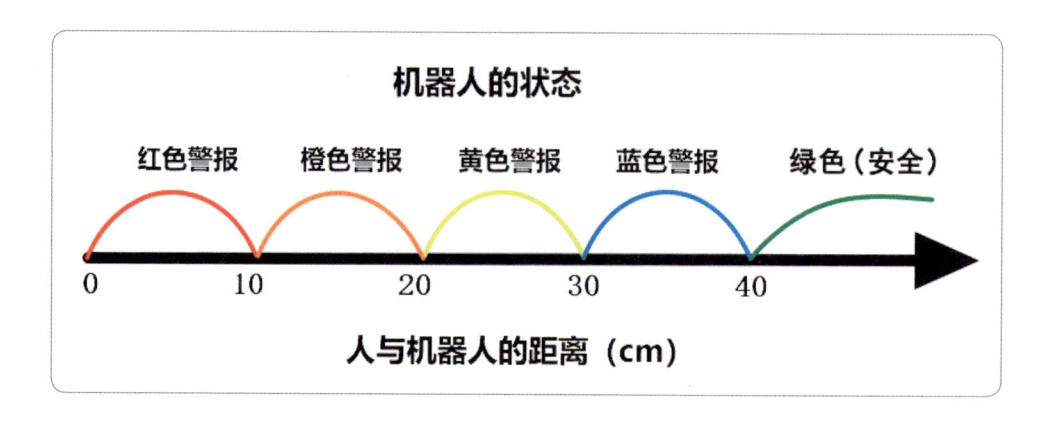

7.2.2 设计构型

设计一个可以站立在桌面上的机器人。使用测距传感器来控制机器人的灯带颜色，根据任务描述中的距离，来实现灯带颜色的转变。

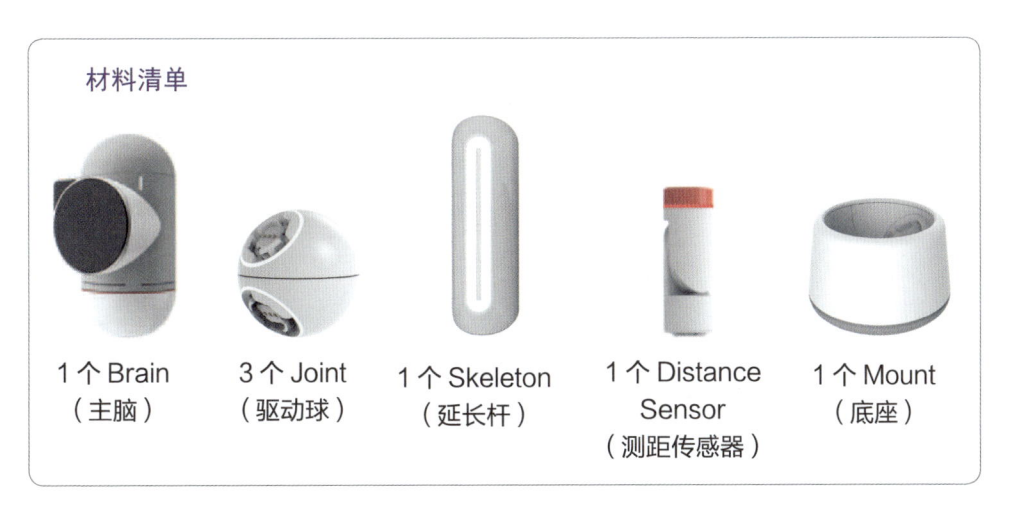

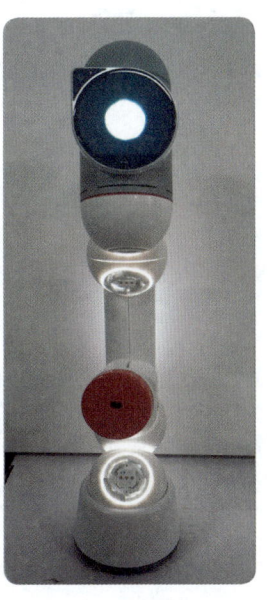

材料清单

- 1个 Brain（主脑）
- 3个 Joint（驱动球）
- 1个 Skeleton（延长杆）
- 1个 Distance Sensor（测距传感器）
- 1个 Mount（底座）

构型图

7.2.3 流程图

根据任务描述，使用多选择结构画出流程图，如下图所示。

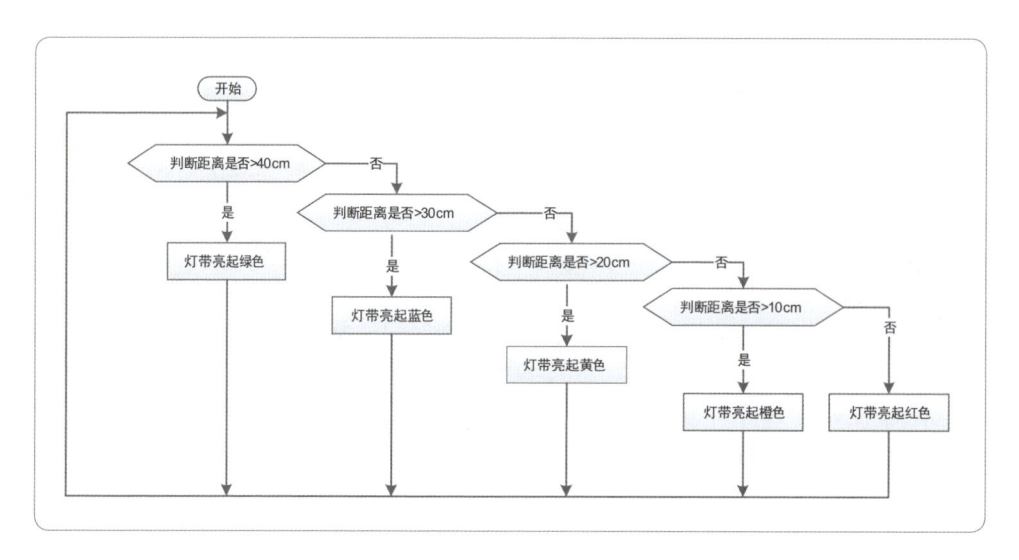

7.2.4 图形化编程

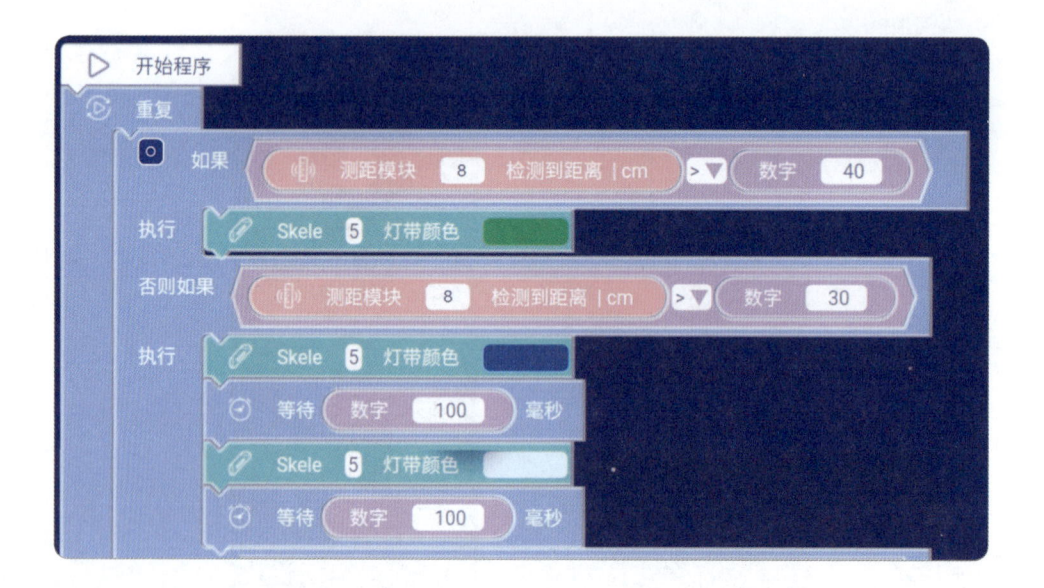

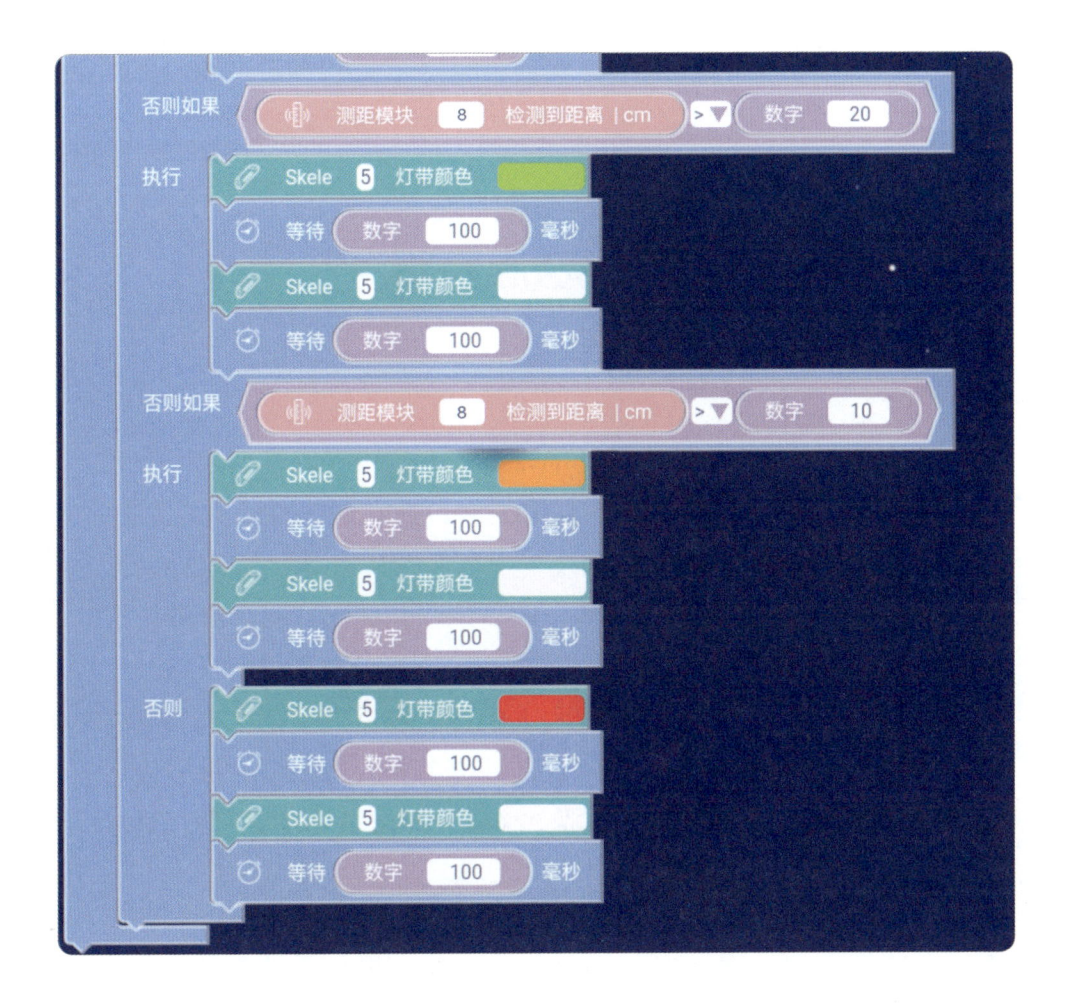

否则如果	测距模块 8 检测到距离	cm > 数字 20
执行	Skele 5 灯带颜色 ■(绿)
	等待 数字 100 毫秒
	Skele 5 灯带颜色 ■
	等待 数字 100 毫秒

否则如果 测距模块 8 检测到距离 |cm > 数字 10
执行 Skele 5 灯带颜色 ■(橙)
等待 数字 100 毫秒
Skele 5 灯带颜色 ■
等待 数字 100 毫秒

否则 Skele 5 灯带颜色 ■(红)
等待 数字 100 毫秒
Skele 5 灯带颜色 ■
等待 数字 100 毫秒

反侵权盗版声明

电子工业出版社依法对本作品享有专有出版权。任何未经权利人书面许可，复制、销售或通过信息网络传播本作品的行为；歪曲、篡改、剽窃本作品的行为，均违反《中华人民共和国著作权法》，其行为人应承担相应的民事责任和行政责任，构成犯罪的，将被依法追究刑事责任。

为了维护市场秩序，保护权利人的合法权益，我社将依法查处和打击侵权盗版的单位和个人。欢迎社会各界人士积极举报侵权盗版行为，本社将奖励举报有功人员，并保证举报人的信息不被泄露。

举报电话：（010）88254396；（010）88258888
传　　真：（010）88254397
E-mail：　dbqq@phei.com.cn
通信地址：北京市万寿路173信箱
　　　　　电子工业出版社总编办公室
邮　　编：100036